第一次

沖繩
親子自由行
好好玩

美麗的海島沖繩，是親子自由行首選之地！
一年四季都好玩，帶孩子玩沙踏浪、
賞櫻賞鯨、溜滑梯公園玩不停！

小潔 —— 著

U0070079

看了這本書，
第一次帶孩子去沖繩自由行
就能快速上手！

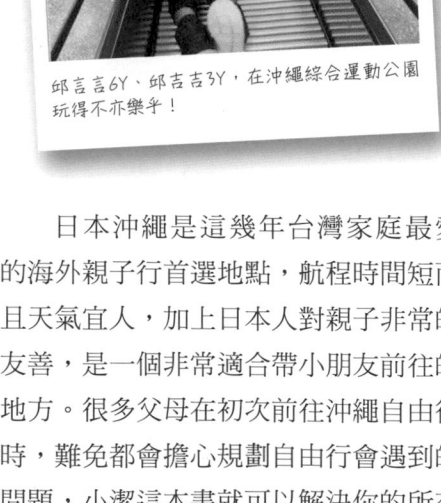

邱言言6Y、邱吉吉3Y，在沖繩綜合運動公園
玩得不亦樂乎！

日本沖繩是這幾年台灣家庭最愛的海外親子行首選地點，航程時間短而且天氣宜人，加上日本人對親子非常的友善，是一個非常適合帶小朋友前往的地方。很多父母在初次前往沖繩自由行時，難免都會擔心規劃自由行會遇到的問題，小潔這本書就可以解決你的所有煩惱！這本書裡詳細的說明了到沖繩自由行應該準備及注意的事，還有提供了很多的親子景點及溜滑梯公園，讓每一

個家長帶孩子去沖繩親子自由行能馬上上手。

我自己也是從年輕就一直出國旅行的人，我最懂得當上父母前後的旅行差異，就是「用孩子的高度去看世界」最為不同，所以坊間寫沖繩的書雖然不少，但真的針對親子沖繩行的書卻不多，唯有自己真的成為父母帶小孩出國後，才能真的知道孩子喜歡的景點是什麼？小潔的書就很有參考價值。

我跟小潔是寫部落格認識的朋友，第一次見面就是在沖繩，之後我們就成為相隔很遠但一年總會見上幾次面一起旅行的朋友。小潔是個很認真的人，無論做什麼事都會做到好，這本書已經是她寫的第三本書，已經是暢銷作家的她出版的書肯定是品質保證喔！

知名親子部落客　雨立今

看了這本書，
好想要趕快訂機票，
帶孩子開心玩沖繩！

「旅行的價值不在於花多少錢去了多遠的國家，但有機會一定要感受一下同一片天空卻有著不一樣風景，有了孩子後的旅行，絕對會讓妳的生活變得更精彩。」

我以前是個宅女，但自從有了孩子後開始帶著孩子展開冒險，除了走遍國內大、小城鎮，我們每年也都會規劃帶孩子出國旅行。夫妻間給彼此一個心靈放鬆的機會，也能讓孩子享受親子同樂的愉悅。

身邊很多家庭朋友非常熱愛沖繩，無論在機票、住宿都便宜，且地理位置離台灣近，交通、租車方便、對親子友善，很適合作為規劃第一次親子自由行的首選。在小潔這本《第一次沖繩親子自由行好好玩》書中，從出發前的行前準備篇開始就非常精彩，不僅有許多實用旅遊須知、親子飯店推薦、36個沖繩超夯無料溜滑梯公園之外，還介紹了非常多熱門景點、美食私房口袋名單，豐富經驗談搭配美美的照片介紹，非常用心詳細，看完真的讓人超心動，都想馬上訂機票飛沖繩啦！

旅行，不僅僅是生活的調節劑，更是增強親子凝聚力的最好時機，不僅提升親子間的溫度，還能一起為人生創造更多微妙旅行機會，也是父母陪伴孩子長大最珍貴的回憶喔！想帶孩子出國自由行？一定要擁有這本實用的旅行工具書，跟著小潔的腳步一起玩沖繩！

知名親子部落客　**維媽**

親子自由行，
讓孩子在每一次的旅程
成長並累積回憶！

當媽媽前，我們夫妻就是愛玩一族，當了媽媽後依然如此。從國內走到國外，為的就是想跟孩子們留下許多共同的足跡與回憶。雖然帶孩子旅行，很多人都覺得是件「麻煩」的事，但我們家卻熱愛享受這件麻煩的事，因為每次回來都能擁有甜蜜的回憶。縱使你會記得滿滿的不順與麻煩，但旅途中遇到的所有問題，都是一種經驗值的累積跟回憶呀！

帶孩子自由行這麼多次，每次有人問我，你不累嗎？其實說不累是不可能的，因為旅途中會遇到好多問題，例如從搭飛機開始，要控制孩子們的狀況（哭或吵鬧）；下飛機後則要控制孩子緊跟不亂跑，出關之後還要不斷回答孩子的提問，因為孩子總是充滿好奇心，不斷地會問為什麼。

但親子自由行絕對會讓孩子有所成長，不管是孩子的體會有感，抑或是旅遊過程中不一樣的學習，我發現孩子每次旅遊後都有滿滿的收穫，他們會在每一次的旅行成長，因此就算有再多的麻煩或辛苦，我仍覺得是「甘之如飴」！

帶著孩子旅行，我遇到的狀況也絕非少數，還記得第一次帶妮妮衝沖繩，就是異國高燒生病收場。

第二次帶妮妮衝東京，出國前就生病，還一路病到底。第三次帶兩隻衝沖繩，飛機上哭鬧不已。

除了孩子生病讓父母擔心之外，有一次我連房間都訂錯，四個人擠在一張大床上……只能轉念說是享受難得的天倫擠擠樂吧！

這兩年跟朋友討論時，其實也深深的發現，孩子不會「記不得」你帶他去過哪裡，而是他只記他們想記的。像妮妮就記得1歲的時候我帶他去東京迪士尼，甚至也記得沖繩的水族館我們去了2次呢！至於小子去沖繩回來後，也記得他有玩大大的溜滑梯，言談之間孩子會告訴你，我們去過、看過、經歷過的，這都是孩子與我們共有的回憶，天真年幼的他們是單單純純的記著某些事，所以一些小細節反而記得比我們大人清楚喔！

沖繩是我們家最愛的親子旅遊點，我覺得也是最適合親子旅遊第一步的開端，除了飛行時間短之外，搭配租車自駕、輕軌電車也很輕鬆。況且對孩子來說，沖繩有許許多多的特色公園，是孩子們最佳的放電場所，相較台灣的公園罐頭設施來說，沖繩對孩子們充滿了吸引力，絕對是你第一次親子自由行的最佳地點！

第四次帶兩隻衝澳門，妮妮出門前就生病，一路上都在睡。第五次帶兩隻衝沖繩，就是天氣冷到媽媽先生病。

細數一路以來的過程，還真的是病得不要不要的耶！

也或許是這樣滿滿的慘狀，所以當半夜接到粉絲團媽媽們求救的時候，我好像都可以很冷靜的幫助大家，而且在面對國內旅行所發生的小事也更能坦然面對呀！

本書作者　小潔

Contents 目錄

PART 2

親子這樣玩！無料溜滑梯公園特輯

沖繩溜滑梯公園使用須知／60

Contents 目錄

PART 3
親子景點特搜！
食玩買全攻略

沖繩景點篇使用說明／124

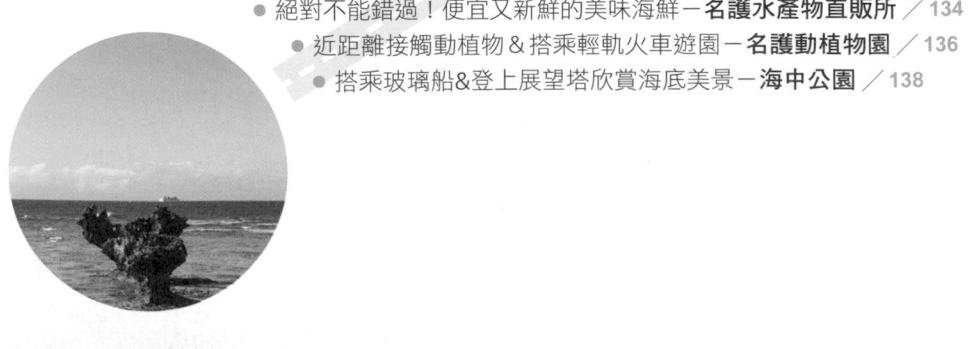

NOTE

各景點資訊時常異動，請以官方網站為準。另外要特別提醒，因為沖繩公園翻新整修頻率滿高的，常有不少經典大型溜滑梯被拆除，前往遊玩時記得再查找一下資料喔！

OKINAWA
INFORMATION

PART 1

準備出發囉！
帶孩子出門的
事前規劃

第一次帶孩子到沖繩自由行，該準備什麼呢？
從租車、訂機票與飯店、必備物品等自由行經驗，
通通告訴你，親子自由行一點都不難！

沖繩好好玩，
親子自由行首選之地

沖繩是個美麗的海島城市，在古琉球時期是由美國統治，後來回歸於日本，因此這裡有些景點會有濃厚的美式風格，著名的美國村就位於以前的美軍軍事基地，而現今則被打造成大型的娛樂購物商場，是沖繩的知名景點。沖繩近幾年儼然成為親子遊的首選之地，為什麼大家都想要到沖繩玩呢？先來看看它有哪些優勢吧！

\Point/
1 飛機直航且航行時間短

沖繩到台灣的飛機航行時間不到90分鐘，就算孩子會在飛機上大吵大鬧，忍一下就過了（誤）。除此之外，傳統航空、廉價航空都有直航沖繩的班機，不定時還有促銷的票價，有時候機票買一買，竟然還比往返台北和高雄的高鐵票還便宜，你說這能讓人不心動嗎？

沖繩到台灣的航行時間短，
因此越來越多人來這裡旅遊。

從高空欣賞美景，咻一下即將抵達目的地。

1月初為沖繩的櫻花季，來這裡能欣賞美麗的
景緻。

夏季為沖繩的旺季，很適合帶孩子來這裡玩
沙踏浪。

\Point/
2　氣溫適宜！
一年四季都好玩

　　沖繩的氣溫其實和台灣滿像的，夏
天時溫度大約在30度上下，而冬天則
不會低於15度，最熱的月份為7～8月
暑假期間（這期間屬於旺季，機票也比
較貴）。12月下旬～2月則為沖繩的冬

天，氣溫大約在15～20度，通常冬天屬
於淡季，淡季前往時雖然沒有水上活動
可玩，但是也能賞鯨、賞櫻花等等，可
說是個四季皆宜到訪的地方喔！

\Point/
3　自駕超輕鬆！
不用研究複雜地鐵圖

　　相較於東京、大阪那密密麻麻、讓
人看了霧沙沙的地鐵圖，沖繩只有在南
部的那霸市才有輕軌電車，而且總共只
有15站，因此若想要到沖繩北部、中部
玩的話，大部分的人都選擇自駕開車遊
沖繩，沖繩各大租車公司都位於機場及
那霸附近，而且取車、還車可以選不同

親子自由行需要帶著大包小包行李，
自駕旅遊最適合。

的營業所呢！親子旅行往往需要帶著大
包小包行李，透過自駕的方式，實在是
能輕鬆不少。

\Point/ 4 無料溜滑梯公園 多到數不清

　　沖繩有許多大大小小的溜滑梯公園，這些公園都是免費使用的，而且非常具有特色，除了大家耳熟能詳的超長滾輪溜滑梯之外，有的公園還會因地區特色來打造不同的溜滑梯主題，例如宮城公園就是以南風原町的特產絲瓜，打造出絲瓜造型溜滑梯。

　　另外有的公園則是主打特色主題，例如恐龍公園、樹屋公園、風獅爺公園等等，每一個公園都有其特色與不同之處，書裡我介紹了36個各具特色的公園，感覺是一種收集的概念呀（笑）！

奧武山公園是人氣很夯的公園之一。

平和祈念公園是2017年開放的公園。

恐龍造型的溜滑梯公園，讓小男生們為之瘋狂！

浦添大公園的超長溜滑梯，溜下去超級刺激！

　　其實帶孩子出國不一定要到多知名的景點、花費多昂貴的門票，只要到沖繩的各種特色公園裡跑跑跳跳，孩子一樣開心又滿足，看到他們快樂地在公園裡穿梭，孩子展露出開心的笑容，這才是親子旅行的意義呀！

\Point/ 超貼心！
5 親子親善的友善環境

日本一直是親子自由行的首選國家，因為主打親子親善的環境，所以大家帶孩子出國的首選國家通常都是去日本，而歸屬於日本統治的沖繩，在親子

名護水產物直販所，不僅有美味又新鮮的海產之外，更有販售美味的沖繩麵（蕎麥製的麵條）。

The Beach Tower Okinawa Hotel飯店的餐廳，將孩子適合吃的食物都歸類在一區，讓爸媽們拿取時超方便！

The Beach Tower Okinawa Hotel飯店在入住時，還會提供尿布、嬰兒奶粉、溼紙巾。

親善這部分也不遑多讓喔！觀光景點裡一定設有育嬰室、無障礙坡道，換尿布或是推推車出門都超方便！除此之外，飯店和餐廳裡也幾乎必備兒童餐具、兒童椅，有的飯店在你入住時還會提供尿布、嬰兒奶粉、溼紙巾，這貼心的舉動就是讓人一再想前往沖繩親子行的原因呀！

沖繩除了在環境上主打親子親善，就連餐廳的食材也都幫你規劃妥當，舉例來說因為沖繩是個海島城市，來這裡大家一定都會想吃生魚片及海產，但是帶小孩子吃這些生食實在不太恰當，難

道為了孩子就要忍住吃生食海產的慾望嗎？沖繩的海產店超貼心，著名的名護水產物直販所，不僅有美味又新鮮的海產之外，更有販售美味的沖繩麵（蕎麥製的麵條）、唐揚定食等熟食，就算帶孩子出門，也不用擔心沒有適合孩子吃的食物。除此之外，有的飯店、餐廳更是特別規劃了孩童專區，將孩子適合吃的食物都歸類在一區，讓爸媽們拿取時超方便！

至於在購物的部分，有些人到日本就是直奔親子商場西松屋、Birthday、藥妝店，其實不一定要到東京或大阪才能採購，這些商店在沖繩通通都有，位

西松屋好好買，親子旅遊別忘了來這裡採購一番喔！

於南部的國際通大街更是逛街的好去處，整體來說沖繩真的是好吃好買又好逛呀！

\Point/

6 眾多寓教於樂的親子景點

古宇利島的心型礁岩，可是著名的人氣景點。

帶孩子來沖繩，除了能欣賞到美麗的沙灘美景之外，這裡還有許多寓教於樂的親子景點，例如北部的美麗海水族館、海中公園，都是帶孩子欣賞海生動物的好去處，魚群種類等資料也附有中文說明，爸媽不用怕看不懂日文，可以很輕鬆地跟孩子介紹。

除此之外，還能帶孩子參觀壯闊的鐘乳石洞穴，這裡是個很好的自然教育，可以欣賞到大自然的鬼斧神工。另外我也推薦王國村，這裡像是個小型的觀光工場，能讓孩子體驗穿著琉球服，還有彩繪石獅等活動，沖繩真的有很多不錯的親子景點呢！

帶孩子來水族館，認識海生動物吧！

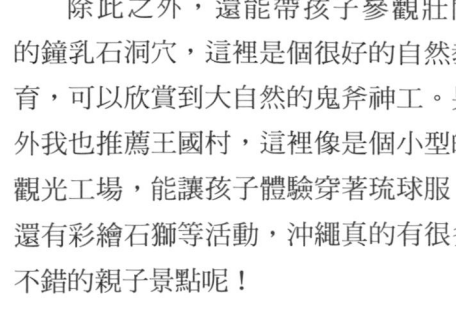

海中公園裡，可以搭乘鯨魚造型的玻璃船欣賞海生動物。

著名的美國村內，有美麗的摩天輪可帶孩子一起乘座。

王國村像是個小型的觀光工場，還能讓孩子體驗穿著琉球服。

BLUE SEAL有冰棒製作體驗活動，孩子來這裡一定超開心！

帶著孩子到恐龍公園裡大冒險吧！

認識沖繩！前往親子親善的美麗海島

瞭解沖繩的地理及氣候

地理位置

　　沖繩本島是個狹長的島嶼，分為北部、中部、南部，而旁邊也有眾多的離島，本書主要以介紹沖繩本島為主。沖繩北部因為有珊瑚礁地形，所以主要種植熱帶植物；中部則是以前美軍基地設施最集中的區域，因此著名的美國村商場就在這裡；南部則因為石灰岩地形發達，所以有許多鐘乳石洞，玉泉洞就位於此。

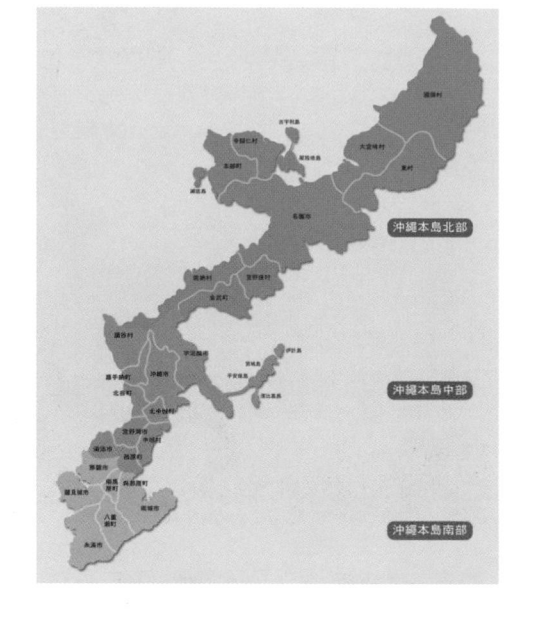

沖繩是個一年四季都適合到訪的地方，有好多親子遊樂設施，但各季節的氣溫變化還是要稍加注意。

四季氣候

　　沖繩屬於熱帶海洋的氣候，各島嶼上有美麗的珊瑚礁和沙灘，是渡假和潛水的聖地。全年平均的氣溫約23度，若是夏季前往有豐富的水上活動可以玩，若冬季前往則能賞櫻花、賞鯨，我覺得一年四季都適合到這裡旅行，可以體驗不同的風情。

沖繩氣候VS穿搭建議

月份	季節	平均溫度	穿搭建議
1～2月	冬季	14～17度	沖繩最寒冷的季節，必須穿著保暖衣物前往，有時氣溫還會下降到10～12度。1月下旬為沖繩的櫻花季，這時段來訪可以欣賞到櫻花美景。
3～4月	初春	17～20度	天氣漸漸回暖，但日夜溫差大，還是需要準備一件外套以防著涼。
5～6月	梅雨	23～27度	氣溫回升，衣著以短褲短袖為主。這時期屬於梅雨季節，不想遇到下雨天的話盡量避開這個月份。
7～8月	夏季	28～30度	夏季為沖繩的旺季，短褲短袖為必備衣著，此時來沖繩有許多水上活動可玩。
9～10月	秋季	25～28度	氣溫舒適宜人，但9月是颱風季，前往時要注意氣象報告。
11～12月	初冬	18～23度	氣溫漸漸下滑，必須穿著長褲長袖，12月時也必須穿著厚外套。

※海灘活動大都於4～10月開放，而潛水活動整年都開放，冬天時有防寒衣可穿著。

沖繩交通篇 ▶ 租車自駕遊

　　沖繩很適合自駕旅遊，親子旅遊常常行李都大包小包的，自駕遊是很輕鬆自在又方便的選擇。想要在日本開車，必須準備好駕照日文譯本、台灣駕照（注意不是準備國際駕照喔），駕照日文譯本可以到監理所申請，工本費為100元，其實就只是一張A4紙而已。如果台灣駕照上面是有效期的，記得要把駕照換新版無效期的，再去申請日文譯本喔！

　　沖繩的租車公司有許多間，但最熱門的是OTS、ORIX這兩種，OTS是最多

OTS租車公司是許多人在沖繩自駕的第一選擇。

人租的，因為服務人員會說中文，不過因為太多人租了，有時候現場取車要等好久。至於ORIX則是價格相對便宜，而且預約租車時若使用日本官網租車，

還會比中文官網更便宜些，想省錢的人別錯過。其實日文官網的租車方式並不難，步驟都還蠻淺顯易懂的，只要把中文名轉換成片假名即可，像我不懂日文，但也能很輕鬆地上網租車呢！

OTS

OTS是台灣人最常選擇的租車公司，因為服務人員會說中文，也可使用中文官網預約租車，而且營業所裡販售一些很優惠的景點門票。不得不提的是OTS的豪華安心險，是這幾間租車公司裡，最可以讓旅人安心的方案。以往我們加買的保險，大概就是責任賠償的部分，但OTS的豪華安心險是一旦啟動，就可以換台車給你（其他租車公司是將車子回收，你必須再重新找租車公司

租），我想這也是許多人選擇OTS的原因吧！

● **實用網站推薦**
◆ **片假名轉換網**：http://dokochina.com/katakana.php
◆ **Tabirai租車官網日文**：http://car.okitour.net/
◆ **Tabirai租車官網中文**：http://goo.gl/nXi7kg

● **沖繩租車注意事項**
◆ 請事先至監理站辦好日文譯本，取車時要帶著日文譯本、台灣駕照、租車預約列印單、護照。
◆ 到日文的Tabirai租車官網租車，40天前租的話有早鳥優惠價（日文官網才有喔）。
◆ 取車時會給你加滿油的車，還車時也要加滿油喔！
◆ 日本的導航機無法在行駛中操作，務必在停車的狀態才能操作。
◆ 導航機可以先請服務人原幫忙切換到中文語音。
◆ 導航機點選「目的地檢索」→「編號」，可以選擇用電話號碼或是MAPCODE來搜尋景點位置。

OTS擠擠的人潮，想取車得等一段時間。

工作人員會引導我們，到OTS接駁車站牌等待接駁巴士。

OTS的工作人員會說中文，一步步地教我們使用導航系統。

預約好租車後，記得將相關資料列印下來，並帶著駕照日文譯本、台灣駕照、護照，抵達那霸機場後，若之前在網站預約有寫要接機的服務，那在接機大廳看到工作人員拿著「OTS」的牌子後，將事先列印好的預約單給工作人員確認即可，工作人員會引導你至OTS接駁車站牌等待接駁巴士，便能抵達OTS

在機場附近的營業所取車。

ORIX

ORIX是日本第二大的租車公司，有早鳥優惠和一些折扣，價格比其他的租車公司更優惠，而且分店的據點比較多，取車還車都很方便，使用日文官網預定租車會比較優惠，其實就算不會日文，也可以看圖說故事，輕鬆完成步驟，真的不難喔！

預約好租車後，記得將相關資料列印下來，並帶著駕照日文譯本、台灣駕照、護照，抵達那霸機場後，到國內線的入境大廳外（11-B車道），將預約記錄拿給現場工作人員看，即可搭乘接駁車至ORIX取車處。

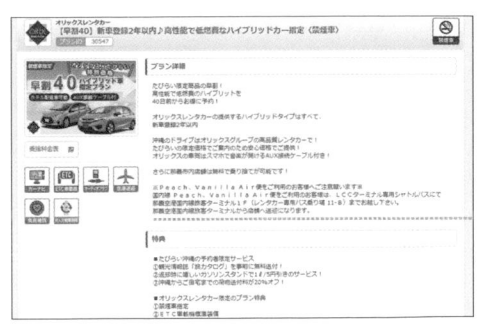

到日文官網預約租車，有40天前的早鳥優惠價喔！

> ○ NOTE
> ORIX營業所就在OTS旁邊，可以步行至OTS營業所，購買便宜的沖繩景點票券。

沖繩交通篇 ▶ 不開車遊沖繩

沖繩親子旅遊，大部分人都是選擇租車，以自駕遊的方式為主，這樣來回多個點不用推行李，輕鬆又自在。但不會開車的人怎麼辦？難道就不能開心遊沖繩嗎？其實可以透過搭電車或巴士旅遊的方式，也能輕鬆遊沖繩喔！

搭乘那霸電車

沖繩的單軌電車（捷運）位於那霸市，也就是沖繩南部，抵達那霸空港出來後，必須前往「國內線」航廈，才能搭乘單軌電車。如果來沖繩的天數較短，搭乘電車玩南部也是個不錯的選擇，國際通商店街有許多好逛好買又好吃的東西，光是待在這裡也足夠了。若想到沖繩北、中南部玩，搭配旅遊巴士也可以，底下介紹沖繩電車各站的著名景點。

旅遊天數較短的話，不自駕、只搭電車遊沖繩也是不錯的方式。

| 站名 | 那霸空港站 | 赤嶺站 | 小祿站 | 奧武山公園站 | 壺川站 | 旭橋站 | 縣廳前站 | 美榮橋站 | 牧志站 | 安里站 | おもろまち站（歌町站） | 古島站 | 市立病院前站 | 儀保站 | 首里站 |

沖繩電車各站著名景點

站名	景點
那霸空港站	電車首站，也就是機場站。
赤嶺站	附近有可挖寶的二手倉庫店漫畫倉庫、豐見城、ASUIBINAA Outlet。
小祿站	附近有AEON、藥妝和百元商店，還有通堂、暖暮拉麵。
奧武山公園站	著名的奧武山超長溜滑梯就位於此站。
壺川站	有OTS營業所，可以在這裡取車還車。
旭橋站	那霸公車總站位於此，這裡有公車可前往美國村。
縣廳前站	位於國際通南邊，附近有波上宮、RYUBO商場。
美榮橋站	位於國際通中間，書裡介紹的WBF水之都那霸酒店位於此站附近。
牧志站	位於國際通北邊。
安里站	附近有傳統市場「榮町市場」。
おもろまち站（歌町站）	位於新都心區，附近有DFS、OTS營業所，書裡介紹的歌町大和Roynet飯店、新都心法華俱樂部飯店，位於此站附近。此站可稱為歌町站或新都心站。
古島站	屬於住宅區，觀光客比較少。
市立病院前站	市立醫院站，觀光客比較少。
儀保站	靠近首里城，附近有琉球茶房、通堂拉麵。
首里站	著名景點首里城位於此站附近，下車後徒步約20分鐘可抵達。

搭巴士遊沖繩

如果不想開車自駕，又想到沖繩北部、中部旅遊的話，很推薦購買一日遊的行程票券，現在有許多規劃行程體驗的網站，像是KLOOK、KKday等等，都有販售旅遊票券，出發前在網頁上預約即可，行程種類非常多，有的還有中文服務、巴士接送，不用去研究公車路線，真的超方便！

● 推薦網站

◆ **KLOOK**：https://goo.gl/qXJa3Z

◆ **KKday**：https://goo.gl/nJvG74

不想開車自駕的話，可以上網買行程搭巴士一日遊。

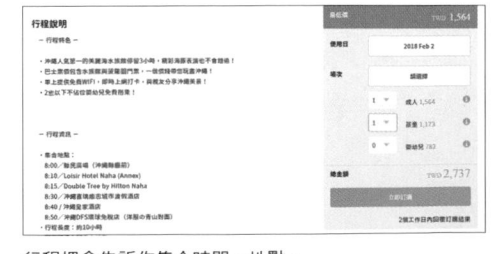

行程裡會告訴你集合時間、地點。

行前準備！
親子自由行經驗分享

出國行動上網的選擇

現在出國一定必備網路了，常見的國外上網方式有WIFI分享器、上網卡、漫遊等等，其實三種方式各有優缺點，看需求來選擇，我自己是喜歡用上網卡，不過每個人的需求不一樣，底下用表格分析會比較清楚。

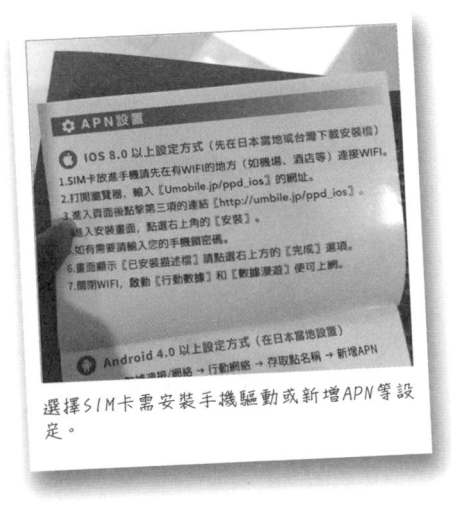

選擇SIM卡需安裝手機驅動或新增APN等設定。

行動上網的優缺分析

種類	WIFI分享器	網卡	電信漫遊
價格	150～300／1天（吃到飽含安心險）。	吃到飽有不同的天數限制，平均1日約100～200元台幣。	吃到飽399／1天，或限速100～200／1日（各家方案不同）
充電	分享器本身需充電（需另準備行動電源）。	需換卡，充電為手機充電即可。	只需手機充電、不需換卡。
通話	手機可開漫遊、skype或line通話。	需使用skype或line等APP進行通話。	手機可直接撥話、接話，skype或line通話。
優點	●分享器可以多人分享網路，平均分攤下來的價格會十分便宜。 ●會比使用網卡&漫遊要來得省電。	●只需換卡設定即可使用，因為是一人一卡，就算走失了，每個人還是有網路可以用。 ●不容易因為多人瓜分流量而影響速度。	●最為方便，臨時出門可以直接在國外開通，即可使用。 ●上網速度頗快，且上網同時依舊可以接聽電話，不需換卡。
缺點	●如果人群會分散，那可能也容易彼此失聯，因為離機器遠的話，網路同時會中斷。 ●分享器容易耗電、發熱自行關機重開。需另備行動電源、增加行李重量。	●需另安裝手機驅動及設定。 ●若使用網路不斷搜尋，手機也易耗電。 ●網卡吃到飽天數受限，並不容易買到剛剛好的天數組合。	●資費屬三種方案裡最貴的一種。 ●回國後面臨高額電信帳單。

●**常見行動上網品牌**

　◆**WIFI分享器**：常見的有wiho、赫徠森等等，搜尋關鍵字上網可租借。

　◆**上網卡**：kkday網卡、eznippon日本通、台灣大哥大等。

　◆**漫遊**：中華電信、遠傳、台哥大等等。

行動上網有許多選擇，我個人偏好用網卡。

親子旅行的行前準備物品

　　準備帶孩子一起去自由行了，親子自由行到底該準備什麼東西呢？我最常被詢問的就是推車到底要不要帶？建議若家中的小朋友為4歲以下，還是帶著

若是到海生館這類需要逛超過1～2個小時的地方，其實帶推車會比較方便。

推車比較妥當，而且要以輕型、收納方便者為佳。帶著推車，除了國內的通關可以加速外，到了國外若孩子想睡覺，推車就是個很好的工具，而且推車上還能掛著大包小包，真的很方便呀！

　　否則像海生館、王國村、水果樂園、海中公園等景點，很容易在這裡逛超過1～2個小時，再加上如果是下午的行程、上午又玩水或早起，通常孩子很容易說睡就睡，帶著推車也能讓父母輕鬆不少。況且沖繩是很親子親善的地方，帶著推車並不會不方便行走，如果孩子不坐，拿來推戰利品也超適合呀！如果真的不想帶推車，有些Shopping Mall、Outlet也可以租借推車，可以事先在網路上查詢一下。

OKINAWA

Check！該帶的物品都帶了嗎？

　　我家2個孩子平均大約都是1歲左右開始帶出國自由行，帶孩子出門的行李其實繁雜許多，底下幫大家分類一下該帶的物品，這是依我家常見的狀況來比較，給大家參考看看。

攜帶物品確認表（以五天四夜為例）

打勾確認	物品	備註
☐	台灣駕照	—
☐	駕照日文譯本	—
☐	網卡／wifi分享機／開通漫遊	—
☐	兌換日幣	—
☐	信用卡	買機票、訂房的信用卡建議隨身攜帶，機場、飯店有時候會驗證。
☐	護照（6個月以上效期）	—
☐	護照影本	請與護照放不同之處。
☐	訂房憑證	訂房、租車、行程憑證依狀況列印，有的必須出示，有的只要訂房名或編號，這時候可以直接拍照存證下來。
☐	行程憑證	訂房、租車、行程憑證依狀況列印，有的必須出示，有的只要訂房名或編號，這時候可以直接拍照存證下來。
☐	行程地圖、規劃書、旅遊書	—
☐	手機	—
☐	相機、自拍棒	—
☐	行動電源、充電器、轉接頭	日本的電壓是100，大多數台灣插頭都可以使用，但飯店插頭不多，建議自己帶延長線或分流線。
☐	盥洗用具（牙刷、牙膏、浴帽）	如果是選擇住民宿，要特別注意備品類，有的民宿沒有提供，得自己帶唷！
☐	生理用品	—
☐	藥物備品（暈機藥、暈船藥、OK繃等）	—
☐	毛巾、浴巾	—
☐	遮陽帽、太陽眼鏡、陽傘	沖繩夏天必備。
☐	防曬乳、泳衣、泳帽	—
☐	保養品	—
☐	防風外套、口罩、毛帽	沖繩冬天必備。
☐	行李壓縮袋	方便打包衣物，有更多空間放戰利品。
☐	尿布	孩子如果有習慣特別品牌的尿布，會建議還是帶著安全。隨身媽媽包放5～6片，剩餘全放行李箱即可。如果不限品牌，可以只帶5～6片，當天到日本再去藥妝店購買。
☐	奶瓶（奶瓶清潔液）	4～5個。
☐	奶粉	依寶寶需求可以用拋棄式分裝較為方便。
☐	寶寶備藥	退燒藥、萬金膏等。
☐	寶寶用的特殊產品	小被子、小毯子、依賴用品。
☐	寶寶沐浴用品	孩子的沐浴用品通常較為特殊，建議自己帶為佳。
☐	寶寶餐具（食物剪、學習筷、湯匙、圍兜）	大多數的飯店會備有兒童餐具，只是如果有剪刀需求或是特殊需求也建議自己攜帶。
☐	寶寶玩具	坐飛機上或自駕時間較長時，可以準備一些小玩具讓孩子打發時間。

※壓底色的為必備物品，其他物品請依個人需求準備。

大公開！
我的親子遊私藏準備物品

除了駕照、護照這些都是旅行必備物品，我帶孩子旅遊沖繩的時候，還會必備一些私藏好物，在這裡也分享給大家唷！

原本厚重的外套，放入air bye bye的真空壓縮袋裡變得好迷你呀！

● 旅行收納好幫手！手捲式壓縮袋

我出國一定要帶air bye bye的真空壓縮袋，它是來自日本的品牌，坊間的真空壓縮袋通常都要靠著吸塵器或是打氣孔才能抽出裡面的氣體，但air bye bye完全不用，手捲、手壓把空氣壓出來就可以了。因為有雙排氣口，空氣不回流，所以可以將空氣排得乾乾淨淨，而且強韌不易破裂的材質，能多次使用，算很耐用喔！

air bye bye壓縮袋有分5個尺寸，出國旅遊必備S、M、L這三款，只要把用壓縮袋收納好的衣服丟進行李箱，就多出許多空間可以放戰利品了，真的是出國必備好物呀！除此之外，我也很推薦透明的玩具手提袋，尤其是像沖繩這種一定會去玩沙的地方，準備一個透明、好清洗的玩具手提袋裝玩沙工具組，一定是必備的啦！

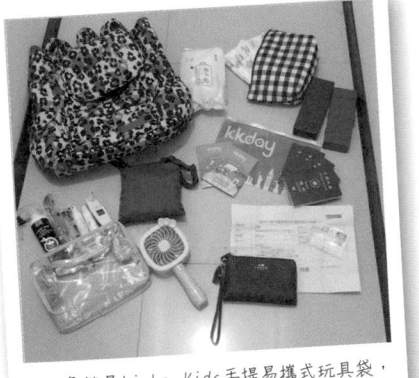

左下角就是Liebe Kids手提易攜式玩具袋，除了可裝玩具還能裝防蚊液等小物，透明袋的設計能清楚辨別所裝的物品。

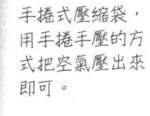

手捲式壓縮袋，用手捲手壓的方式把空氣壓出來即可。

● 愛畫畫的孩子必備！
　可洗式無毒兒童水彩棒

　　我家妮妮很愛畫畫，出國時我會帶著水彩棒及幾張圖畫紙，晚上大人待在飯店看電視聊天時，他就會拿出水彩棒來塗鴉今天的遊記，而且因為有獨特的可水洗設計，所以也可以在浴室裡玩，好沖洗不會弄得髒兮兮，真的大力推薦！

　　無毒兒童水彩棒有分12色經典色及6色的金屬色、螢光色，旋轉口紅型筆管的設計，外出攜帶很方便，我覺得金屬色系每一色都好美喔，家裡若是有愛畫畫的孩子，一定要入手！

● 沖繩夏天必備！兒童太陽眼鏡

　　一般大家來沖繩的時間都是夏季，沖繩擁有晴朗的陽光、美麗的沙灘、清透的海水，不過夏季前往時要小心紫外線，因此防曬用品、太陽眼鏡可是必備品。若是夏季來沖繩，我會幫孩子準備太陽眼鏡，建議一定要挑選不含雙酚A、可阻擋100% UVA UVB紫外線的，最好鏡架可彎折，才不用擔心被孩子折斷。底下推薦的太陽眼鏡就具有以上的功能，而且外型還是由前Zara baby設計師設計的，非常時尚好看！

英國Little Brian可洗式無毒兒童水彩棒（經典色12色）／NT529

英國Little Brian可洗式無毒兒童水彩棒（金屬色6色）／NT329

英國Little Brian可洗式無毒兒童水彩棒（螢光色6色）／NT329

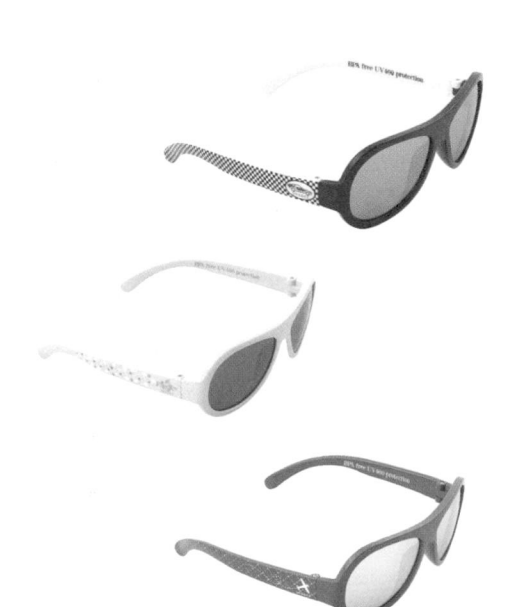

瑞士SHADEZ兒童太陽眼鏡／NT800
有黑色賽車、藍色飛機、粉色星星等多種款式，外型時尚好看。

● 親子旅遊必備！
輕巧大容量的時尚後背包

應該很多人看我部落格的分享照片都知道，HARU的包包一直是我喜愛的品牌之一，尤其帶孩子出門要帶的東西真的很繁瑣，一個大容量、輕巧的包包就是必備物品啦！

除了微金質感後背包之外，我也很推薦HARUSWEETY束口後背包，側邊有設計可放置水壺或雨傘的空間，兼具美觀與實用性，真的很貼心！

HARULEZ微金質感後背包
（三角黑）／NT2980

HARUSWEETY束口後背包
（波點俏甜心）／NT3380

自由行購票比價的好幫手

自助旅行少了旅行社的協助，機＋酒＋交通就得通通自己來，市面上還滿多機票比價的網站，而我常使用的是skycanner比價網（機票、酒店、租車皆可比價喔），它比價的對象滿廣的，例如機票的來源不僅有航空公司官網，還會有一些像易遊網等等的機票銷售網。至於飯店，可以比較agoda、hotel.com、booking等等不少訂房網，所以有時候真的還蠻方便的，如果想要節省更多旅費，善用比價網準沒錯！

這個網站使用起來不難，就很像在訂機票般，選了出發地、目的地再選人

數、孩子的年齡，甚至可以設定是否直飛、也可以設定是否從鄰近機場出發。機票我通常會設定月份，然後選彈性旅

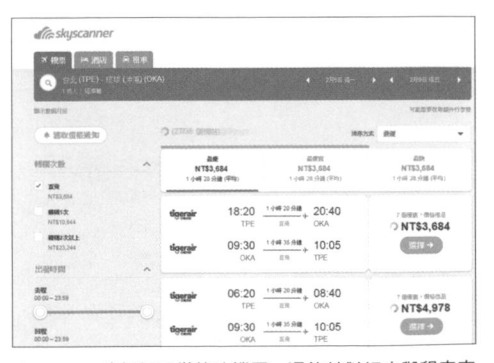

skycanner比價網不僅能比機票，還能針對飯店與租車來比價。

遊，看哪幾天的價格較優惠，就訂那幾天出門。其實自由行就是要花一些時間做功課，但按照自己排的行程帶孩子出門，一手包辦機票、飯店、租車等大大小小事情，真的是很有成就感呢！

● 推薦網站

◆skycanner：https://www.skyscanner.com.tw/

◆FUNTIME：https://www.funtime.com.tw/

不便險及海外醫療險的重要性

海外醫療險跟不便險是出國一定要買的，尤其是國外就醫沒有健保，醫療費用相當驚人，還記得我第一次帶妮妮去沖繩，整年不生病的孩子卻在沖繩生病了，幸好那時我們是跟團，由旅行社協助我們帶著孩子到小診所就醫，而小診所光一般掛號看診拿藥的費用，就花掉了近萬元日幣，更不用說是有點規模的地區醫院或急診了。

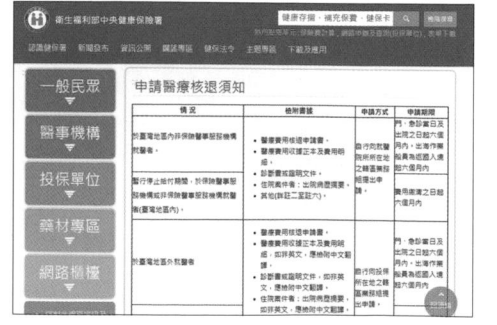

若有在國外就醫，記得開診斷證明&單據，回國後健保可以理賠少部分金額，在健康保險署網站都有詳細說明。

海外醫療險（旅平險）

海外醫療險又可稱為旅平險，主要是保障出國時發生的一些意外狀況，例如海外突發疾病、意外傷害等等，很多人都會說在國內已經有私人保險，為什麼還要再加買海外醫療險呢？因為國外的醫療費用高昂，一般我們國內購買的住院和醫療保障，其實無法支付那麼高昂的費用，因此這也是購買旅平險的原因，只要花少少的保費，就能購足高額的保障，因此海外醫療險、SOS海外急難救助絕對是出國必買的險種。

旅遊不便險

這是近幾年比較多人買的選擇，主要在於飛機的誤點、停飛等其他狀況的理賠，因為廉航的盛行，相對的飛機停飛、取消的不確定因素大幅提升，當這些狀況遇到的時候，整個旅遊成本相對

就會大幅提升許多。雖然航空公司可能給了誤餐費、退了機票費，但若是在海外回不來或在國內出不去，都會延伸許多費用損失，例如住宿費的增加、原本訂好的住宿飯店無法取消、租車的取消更改、往返機場的交通費用等問題。

這時候不便險就派上用場了，不便險的理賠範圍通常在飛機誤點、取消時所延伸的費用，常見的有國泰產險、富邦等等，不過各家的理賠範圍、條件皆不相同，例如有的在台灣內幾個小時前宣佈停飛就不賠、有的是賠定額、有的是賠實支實付，建議大家多比較後再行決定唷！

NOTE

如果到日本，剛好身體不適要就醫的話，可以到以下網站查詢是否有可以説中文的醫院，點選地區、語言、醫療科目，就可以查詢相關的醫院資訊。日本稱漢語為中國語，因此在語言的部分可勾「漢語」，最後按「搜索」來查找相關醫院資料。

★**醫院搜尋網**：http://goo.gl/F6VpVz

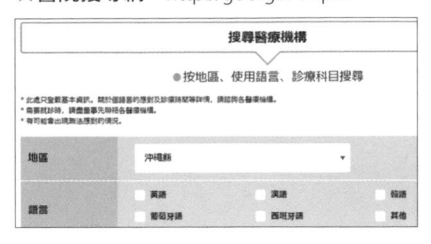

親子自由行訂飯店心得

自助旅行除了機票、交通要自行處理外，飯店也是需要好好比較的部分，現在到各大訂房網站或比價網（agoda、hotel.com、booking等），都能很輕鬆訂到飯店，但是親子訂房最讓人頭疼的就是每間飯店對孩子的收費標準不一樣，有些早餐還需要額外付費，這點必須特別注意。

沖繩有許多美麗的海景飯店，但每間飯店對孩子的收費標準不一樣，必須特別注意。

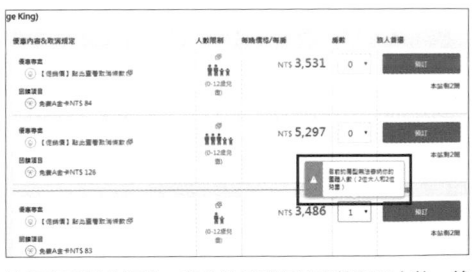

使用訂房網站訂房，若住的房型無法容納預訂人數，就會跳出提醒。

日本一般親子訂房限制，通常是5、6歲以下不加床的話，可免費與大人同住，但若是訂雙人房，通常只能帶一位孩童入住，這點在訂房間時都必須特別留意。底下整理出本書有介紹的飯店，對於親子住房的相關限制，供各位讀者參考。

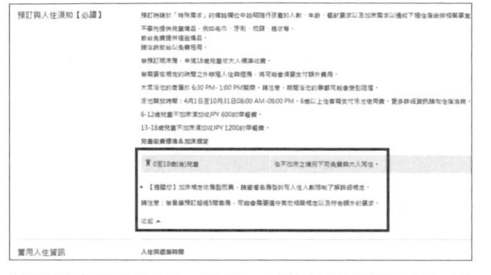

使用訂房網站訂房時，建議一定要拉到網頁最下面，看最後的入住須知。

每個房間房型都不一樣，親子住宿必須留意各飯店的規定。

本書介紹的飯店VS.住房限制

飯店	親子住房限制
美麗海村民宿villa	12歲以下不加床的話，可免費與大人同住。
ANA萬座海濱洲際酒店	18歲以下不加床的話，可免費與大人同住。
Rizzan麗山海景皇宮渡假酒店	5歲以下不加床的話，可免費與大人同住。
蒙特利水療渡假酒店	5歲以下不加床的話，可免費與大人同住。
The Beach Tower Okinawa Hotel海灘塔	5歲以下不加床的話，可免費與大人同住。
Monpa海濱公寓	5歲以下不加床的話，可免費與大人同住。
Vessel hotel Campana坎帕納船舶酒店	18歲以下不加床的話，可免費與大人同住。
Beachside Condominium海濱公寓	6歲以下不加床的話，可免費與大人同住。
Daiwa Roynet Hotel歌町大和Roynet飯店	12歲以下不加床的話，可免費與大人同住。
WBF水之都那霸酒店	6歲以下不加床的話，可免費與大人同住。
自由花園	12歲以下不加床的話，可免費與大人同住。
新都心法華俱樂部飯店	5歲以下不加床的話，可免費與大人同住。
琉球溫泉瀨長島飯店	6歲以下不加床的話，可免費與大人同住。

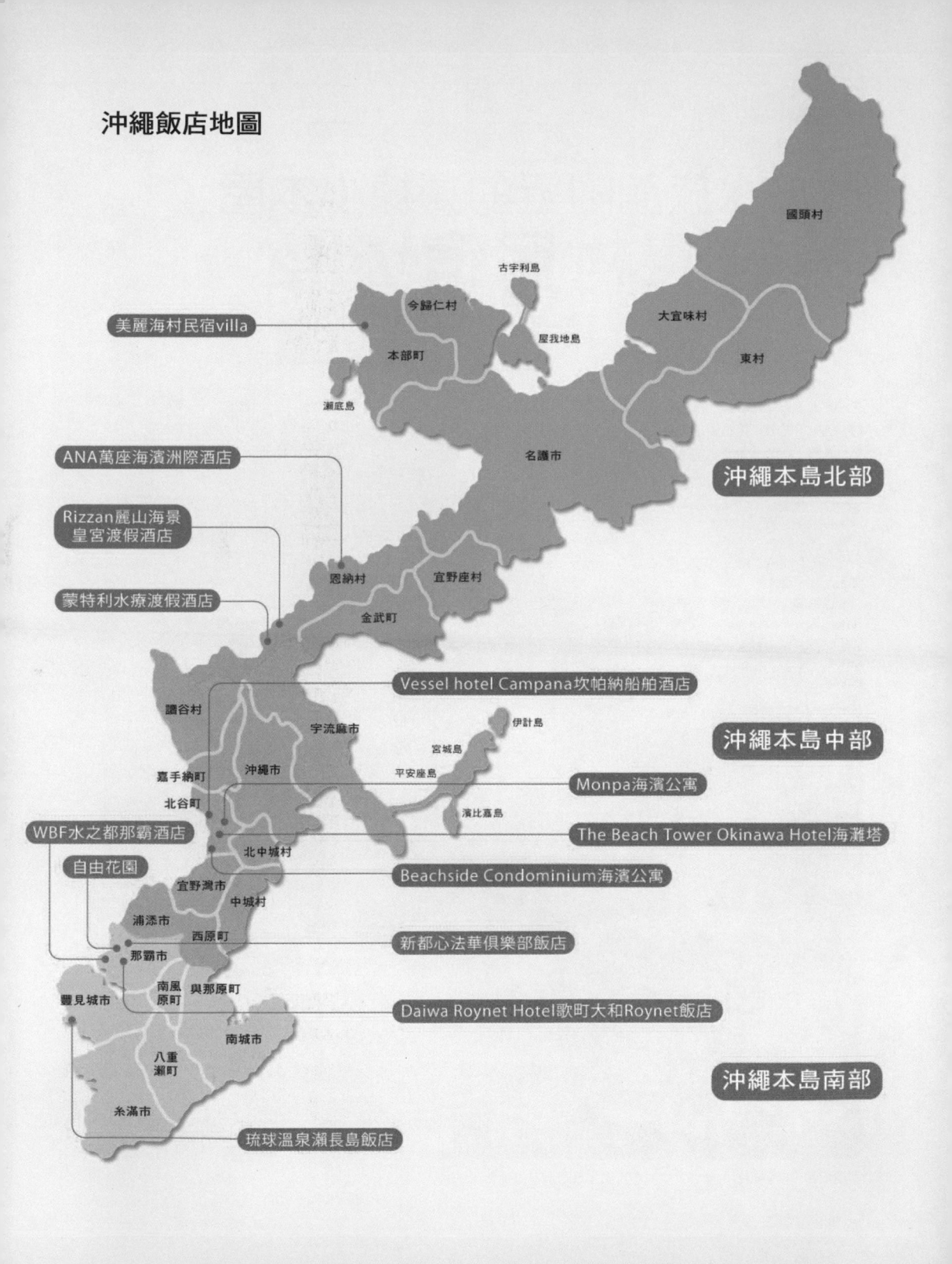

沖繩飯店地圖

國頭村

古宇利島

今歸仁村

美麗海村民宿villa

屋我地島

本部町

大宜味村

東村

瀨底島

名護市

沖繩本島北部

ANA萬座海濱洲際酒店

Rizzan麗山海景
皇宮渡假酒店

恩納村

宜野座村

蒙特利水療渡假酒店

金武町

Vessel hotel Campana坎帕納船舶酒店

讀谷村

宇流麻市

伊計島

宮城島

沖繩本島中部

嘉手納町

沖繩市

平安座島

Monpa海濱公寓

北谷町

濱比嘉島

The Beach Tower Okinawa Hotel海灘塔

WBF水之都那霸酒店

北中城村

Beachside Condominium海濱公寓

自由花園

宜野灣市

中城村

浦添市

西原町

新都心法華俱樂部飯店

那霸市

豐見城市

南風
原町

與那原町

Daiwa Roynet Hotel歌町大和Roynet飯店

南城市

八重
瀨町

糸滿市

沖繩本島南部

琉球溫泉瀨長島飯店

位於水族館附近的獨棟小木屋
美麗海村民宿Villa

🕐 開放時間：Check In：PM15：00
　　　　　　Check Out：AM11：00
🏠 地址：沖繩縣國頭郡本部町字豐原253-7番地
📖 MAP CODE：553 076 046
📞 電話：080-6489-6575
🅿 停車場：有
@ 官方網站：https://xn--p8jtctewau.com/chura/

　　第一次沖繩親子自由行，相信絕大多數的人都會安排來美麗海水族館，而位於水族館附近的獨棟小木屋旅館「美麗海村民宿Villa」，就是非常推薦的親子住宿好選擇喔！這個小木屋民宿算是公寓型飯店，一進到裡面就像回到家一

美麗海村民宿Villa是一間間獨棟的小木屋，門口就可以免費停車。

小木屋裡有客廳，就像回到家裡一樣舒服自在。

這裡有小小的廚房，可以開車到附近的AEON買些食材回來烹煮。

這裡有膠囊咖啡機，但必須付費使用。

廁所裡的空間還滿小的。

民宿裡很貼心，還附有洗衣設備。

可以將床鋪拼在一起睡。

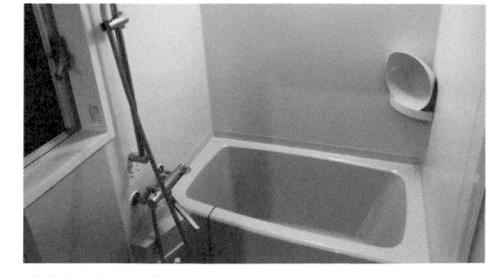

浴室裡有個小浴缸可以泡澡。

樣溫馨，沙發、吧檯、廚房通通有，還有膠囊咖啡機（但必須付費使用），浴室裡也有浴缸可泡澡、洗衣機可洗衣服，真的就像回到家裡一樣舒服自在！

　　除此之外，每個小木屋外面可以免費停車，甚至還有個小庭院，可以事先和飯店預約BBQ（需付費），民宿老闆就會準備好食材讓你在院子烤肉喔！整體來說，這間民宿可以讓你出國住飯店，也像回到家一樣溫暖，房間裡也有小廚房，可以開車到附近的AEON買些食材回來烹煮，不管是小家庭或多人同住都很適合。

親子親善的海景渡假飯店
蒙特利水療渡假酒店

🕐 **開放時間**：Check In：PM 14：00
　　　　　　Check Out：AM11：00

🏠 **地址**：沖繩縣國頭郡恩納村字富著1550-1番地

📖 **MAP CODE**：206 096 897*22

📞 **電話**：098-993-7111

Ⓟ **停車場**：有

@ **官方網站**：https://www.hotelmonterey.co.jp/
tw/okinawa/

入住時我訂到的是4張床的4人房。

浴室有個滿大的浴缸，可以在這裡泡澡。

　　這是一間很親子親善的渡假飯店，擁有私人海灘、游泳池、兒童遊戲區等施設，設備非常齊全，不管是小倆口旅遊、家族旅遊、親子旅遊，我覺得都很適合挑這間飯店入住唷！

　　這裡每一間房都是海景房，打開窗戶就能看到沖繩著名的老虎海灘「Tiger Beach」，絕美景色真的超有渡假風情。這裡的控管相當森嚴，每個樓層都需要房卡感應才能進入，飯店裡的設備也應有盡有，水氧機、膠囊咖啡機、沐浴用品都有，還有個滿大的浴缸可以泡澡喔！

　　除了房間內的設備令人讚不絕口，飯店外設施也相當齊全，共有兩個兒童遊戲室，分為0～1歲孩子適合的爬爬

飯店裡的膠囊咖啡機，自己泡杯咖啡享受一下吧！

飯店裡也有洗衣機、烘衣機等設備。

區，還有2～5歲適合的遊戲區，溜滑梯和色彩繽紛的球池讓孩子玩到都不想離開了呢！

這裡的泳池分室內和室外區，如果要使用室內泳池則需再付費，裡面也有兒童戲水池可供孩童使用。其實室外的泳池已經相當好玩了，不僅有滑水道還有水上彈跳床，我家妮妮爬上去跳就完全不想下來了啦⋯⋯所以人多的時候會限人數，而且每人限玩5分鐘，玩完就要再排隊，這點我覺得還不錯，讓大家都可以玩到。

海灘上也有許多海上活動可以付費使用。

飯店內的室內游泳池，必須付費才能使用。

飯店裡的私人海灘Tiger Beach，擁有白色的沙灘、清澈漸層的海水。

戶外泳池的彈跳床，瞧～我家妮妮玩得好開心。

飯店內有座唯美的教堂，似乎很多人來這裡舉辦婚禮。

往戶外的人工海灘走去，除了有躺椅跟太陽傘區，還有一座美麗的教堂，好像也有人專程來這裡舉辦婚禮。整體來說，這間飯店不僅早餐豐盛又好吃，還有很多親子親善的設備，真的是親子旅行非常推薦的海灘飯店喔！

CP值高的平價海景飯店
Rizzan麗山海景皇宮渡假酒店

絕美海灘的旁邊,有個美麗的海景教堂。

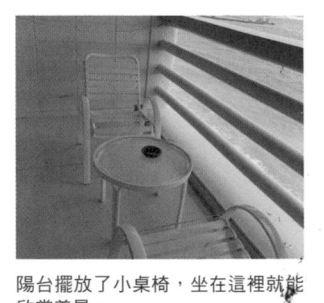

陽台擺放了小桌椅,坐在這裡就能欣賞美景。

Check in後會拿到早餐券、迎賓飲料券等等,記得要收好喔!

從房間的擺設和佈置來看,就能看出這裡是個有點年代感的飯店。

- ⏰ 開放時間:Check In:PM14:00
  Check Out:AM11:00
- 🏠 地址:沖繩縣國頭郡恩納村字谷茶1496番地
- 📖 MAP CODE:206 158 096*58
- 📞 電話:098-964-6611
- 🅿 停車場:有
- @ 官方網站:https://www.rizzan.co.jp/chinese_t/index.html

麗山海景飯店位於恩納村,恩納村這邊有許多海景飯店,比較起來會發現這間飯店較有年代感,設施或擺設並不像那些新穎的飯店一樣時髦,但它房間乾淨整潔,而且該有的設備一樣也不少喔!這間飯店不僅有美麗的私人海灘,1樓還有許多餐廳與商家、室內外兒童遊戲區、便利商店、室內外泳池,而且每天晚上在飯店2樓的舞台區還能欣賞免費沖繩舞表演呢!

早餐有分日式及西式，而且是自助式的。

位於2樓的谷茶前舞台，到了晚上會有免費琉球舞蹈和太鼓舞秀可欣賞。

海景飯店最大的特色，就是從陽台就能看到美麗景緻。

親子親善又CP值高的飯店，孩子在這裡玩得相當開心。

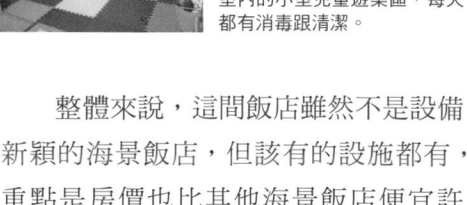

飯店裡有一些商店和餐廳，可以在這裡逛逛。

室內的小型兒童遊樂區，每天都有消毒跟清潔。

　　飯店1樓除了有紀念品店還有付費的DIY手作區，可以帶孩子來這裡畫貝殼、製作相框等等，而室內的兒童遊戲區，每天都會整理消毒，感覺很乾淨又衛生。雖然我是在冬季到訪，剛好遇上寒流，又溼又冷的天氣無法玩水上設施，不過這裡有戶外的兒童遊戲區，就算不能玩水上遊戲，孩子在這裡也玩得很開心喔！

　　整體來說，這間飯店雖然不是設備新穎的海景飯店，但該有的設施都有，重點是房價也比其他海景飯店便宜許多，預算沒這麼多又想住海景飯店的話，一定要選這間 CP 值高的親子飯店唷！

NOTE

每晚19：30～20：00、20：45～21：15於2樓谷茶前舞台，有免費的琉球舞蹈和太鼓舞秀可欣賞。

獨享萬座毛海灣的絕美景緻
ANA萬座海濱洲際酒店

游泳池有分兒童跟大人池，
孩子在這裡能玩得很盡興。

這裡的房間乾淨整潔又舒服，雖然房價算中高價位，但整體來說很值得。

1.日本的高級飯店裡幾乎都有咖啡機，可以自己泡杯咖啡來喝！
2.浴室裡也有整套的盥洗用品。
3.浴室裡面外面都有洗手台，媽媽正在卸妝但其他人想洗手時，就能使用外面的洗手台。

① 開放時間：Check In：PM15：00
　　　　　　Check Out：AM11：00
🏠 地址：沖繩縣國頭郡恩納村瀨良垣2260番地
📖 MAP CODE：206 313 456*82
📞 電話：098-966-1211
Ⓟ 停車場：有
@ 官方網站：https://www.anaintercontinental-manza.jp/cn/

　　ANA萬座海濱洲際酒店位於恩納村，是很熱門的親子親善飯店，雖然房價屬中高價位，但因為擁有私人海灘，不僅能欣賞美麗海景，還有許多付費的水上活動，夏季的時候光是待在飯店裡，就能玩上一整天了呢！

飯店B1的戶外，就有個很大的游泳池。

整個飯店的外觀設計像一艘大郵輪，靜靜地停泊在萬座毛海灣，而飯店風格則以藍白色設計，打造出海洋渡假風情。我那時住一晚約8000台幣（依淡季、旺季價格都會有所變動），整體來說以飯店設施、豐富的早餐來說，其實還滿值得的，因為房間乾淨整潔又舒服，打開窗戶就能看到美麗的海景，很適合帶長輩及小孩同住，夏季時帶孩子來這裡游泳玩水，還有玩沙道具、臂圈、游泳池等裝備可以租借。

這裡真的很適合渡假，沙灘、海灘、海上設施、游泳池全部都有，是想要渡假放鬆的好選擇。來沖繩建議一定要住一晚有私人海灘的飯店，享受一下美好的渡假氛圍。

飯店的早餐，豐富又好吃。

早餐也有日式、西式等，可以依自己喜歡的來挑選。

早上在B1還有個晨間市集，販售許多小農作物、沖繩名產。

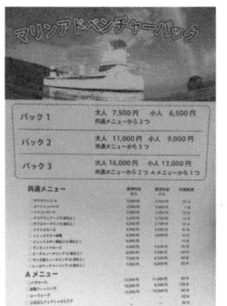

潔白的沙灘，還有陽傘遮陽，真的可以在這放鬆一下。

挖沙工具是免費借用的，瞧孩子在這裡玩得多開心呀！

付費水上活動價目表，有許多好玩的活動等你來體驗。

ANA萬座海濱洲際酒店是個擁有私人海灘的渡假飯店，有很多付費水上活動可玩樂。

41

適合多人同住的公寓飯店
Beachside Condominium
海濱公寓

海濱公寓的外觀滿不起眼的，不太容易找到。

🕐 開放時間：Check In：PM15：00
Check Out：AM10：00
🏠 地址：沖繩縣中頭郡北谷町北谷2-16-2番地
📖 MAP CODE：33 496 133
📞 電話：098-975-6058
🅿 停車場：有

二張雙人床房型，房內空間相當寬敞。

海濱公寓和Monpa都鄰近美國村，也都屬於公寓式飯店，若是多人同遊就很適合找這類型的飯店，因為這裡就像民宿一樣，有共用的客廳與廚房，富含大冰箱、微波爐、洗碗機、鍋碗瓢盆、電子鍋、洗衣機、烘衣機等設備，就像個小型住家般，價位也屬中低價位，整體來說CP值很高，是多人入住的好選擇。

這次我們入住的是有五間臥室的房間，每間特色都不太一樣。

三人房的床型，親子入住可以將床併攏睡在一起。

Check in後就會拿到一組密碼，輸入密碼才能打開大門。

適合多人同住的房型，還有個很大的共用餐桌。

陽台上的Spa露天浴缸。

大冰箱、微波爐、洗碗機、鍋碗瓢盆、電子鍋應有盡有，可以在飯店裡開伙了。

洗衣機、烘衣機等設備一應俱全，很有家的感覺。

因為附有廚房設備可以開伙，晚上可以到附近的AEON超商採買一番。

等孩子睡了，就是喝酒吃宵夜的好時機啦！

海濱公寓的斜對面就是西松屋，旁邊就是安良波公園、安良波海灘，站在陽台能遠眺海岸美景，一點都不輸五星級飯店喔！這裡附設停車場，入住房客皆可以免費停車，這次我們入住的是有五間臥室的房間，不僅有大客廳、各式廚房料理用具，還附有一間可以Spa的露天浴缸，可以容納10人以上居住，若是家族旅遊、多人同遊的話，很推薦選擇這種房型喔！

整體來說，海濱公寓就像回到家一樣溫馨，不過沒有專人打掃，所以垃圾也要自己分類好拿到樓下丟，而且因為附有廚房設備可以開伙了，因此沒有提供自助式早餐，可以在鄰近的超市買食材回來烹煮，是不是很有家的感覺呀！

美國村附近的親子親善飯店
The Beach Tower Okinawa Hotel
海灘塔

🕐 **開放時間**：Check In：PM14：00
　　　　　　Check Out：AM11：00
🏠 **地址**：沖繩縣中頭郡北谷町美濱8-6番地
📙 **MAP CODE**：33 525 209
📞 **電話**：098-921-7711
🅿 **停車場**：有
@ **官方網站**：https://www.hotespa.net/hotels/okinawa/

The Beach Tower Okinawa Hotel（海灘塔），是主打親子親善的飯店。

飯店大廳佈置的像熱帶雨林一般，非常有渡假風。

　　美國村旁有兩大海景飯店Vessel Hotel Campana（坎帕納船舶酒店）、The Beach Tower Okinawa Hotel（海灘塔），兩間都擁有絕佳的地理環境，雖然坎帕納船舶酒店離日落海灘、美國村的距離較近，但海灘塔飯店也不遑多讓，主打親子親善的環境，吸引不少親子家庭入住喔！

　　飯店大廳有許多花花草草，佈置的像熱帶雨林一般，非常有渡假風。Check in的時候，櫃檯會給予飯店的中文資訊，裡面有Wifi、電話、午餐、晚

雙人房裡附有沙發，整體很乾淨又寬敞。

餐、游泳池、Spa的相關資訊，讓不會日文的我們也能一目瞭然。入住時我們有填寫除了大人之外，還有1個幼童、1個嬰兒，而嬰兒的部分飯店很貼心，會給足1日份的奶粉、餅乾、尿布、一包溼紙巾，而且還提供2～3個品牌讓你選，並分年齡（1階、2階），品牌都是日本當地高知名牌子，例如森永、明治、貝親等。

這裡的雙人房裡附有沙發，整體很乾淨又寬敞，床的部分我是自行把兩張床靠攏，爸媽睡兩側、孩子睡中間，這樣睡的空間也是很夠的。走到陽台，可以遠眺整個美國村景色、北谷公園、美麗的日落海灘，還能對望到坎帕納船舶酒店，我覺得這樣的View很棒呢！

從陽台的景色看出去，能對望到坎帕納船舶酒店。

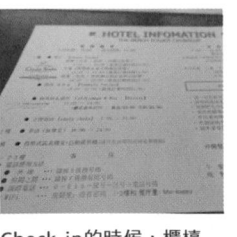

Check in的時候，櫃檯會給予飯店中文資訊，讓不會日文的我們也能一目瞭然。

自助式的早餐，食物種類豐富，還挺好吃的。

美麗的日落海灘，可以在這裡玩沙踏浪。

若是有嬰兒入住，飯店也會提供奶粉、餅乾、尿布、溼紙巾。

自助式早餐還設有「嬰幼童區」，超級貼心的！

兒童餐具也放在嬰幼童區，高度設計的剛剛好，能讓孩子自行拿取。

飯店裡還養了蘇卡達陸龜跟小猴子，幾乎每個孩子都站在這佇立看了好久喔！因為主打親子親善，因此自助式早餐也設有「嬰幼童區」，餐點除了有大童愛的炸物、兒童咖哩飯之外，也有一些蒸南瓜、蒸紅蘿蔔等等，爸媽只要用湯匙壓成泥，就很方便讓副食品階段的孩子食用。整體來說，這裡是個很棒的親子親善飯店，家有學齡前孩子的話，很推薦住這間飯店。

美國村旁的平價公寓式飯店
Monpa海濱公寓

這裡的房間每間都好大，而且乾淨又舒適。

這裡的浴室雖然不大，但應有的備品也通通都有。

微波爐、冰箱、電磁爐等一應俱全，可以去超市買些食材來飯店裡烹煮。

🕐 **開放時間**：Check In：PM15：00
　　　　　　Check Out：AM10：00
🏠 **地址**：沖繩縣北谷町美濱8-12番地
📖 **MAP CODE**：33 525 297*72
📞 **電話**：098-936-0088
🅿 **停車場**：有
@ **官方網站**：http://monpa.co.jp/

Monpa海濱公寓位於美國村旁，地理位置跟CP值都很高，平均一晚房價約在2000元台幣上下。1樓的付費停車位需要預約，建議可以停北谷美國村AEON對面的大型免費停車場，走路到Monpa海濱公寓只要5分鐘左右，每晚停車的時候，還可以順便到AEON超市買好早餐再走回飯店裡。

Check in時櫃檯會給一些基本的茶包跟水，依訂房住宿人數給予，這裡比較特別的是，住宿期間他們是不會進入打掃的，就連垃圾都要自己拿去樓上倒

櫃台旁邊還有個飲料販賣機。　　　從海景高樓層往外看，能遠眺日落海灘美景。

並再換垃圾袋，而毛巾可以統一丟進洗衣籃再拿去櫃台跟他們換新的。

　　這裡的房間乾淨又舒服，而且空間好大，房間裡的設備應有盡有，微波爐、冰箱、電磁爐一應俱全，可以去超市買些食材來飯店裡烹煮。美中不足的是浴室稍小，不過應有的備品也通通都有，一點也不遜色於大飯店，選擇高樓層的話還能遠眺日落海灘美景，是很推薦的高CP值飯店。

Check in時櫃檯會給一些基本的茶包跟水。

櫃檯旁有一些旅遊資訊、報紙可供拿取。

賞海景&玩沙踏浪& 逛街購物一次滿足
Vessel hotel Campana 坎帕納船舶酒店

坎帕納船舶酒店是美國村周邊很熱門的海景飯店。

美國村就在旁邊，擁有絕佳的地理優勢。

一旁就是大型商場美國村，想逛街購物非常方便。

🕐 開放時間：Check In：PM14：00
　　　　　　　Check Out：AM11：00
🏠 地址：沖繩縣中頭郡北谷町字美濱9-22番地
📖 MAP CODE：33 525 322
📞 電話：098-926-1188
🅿 停車場：有
@ 官方網站：https://www.vessel-hotel.jp/campana/okinawa/

　　沖繩有許多海景飯店，雖然能欣賞迷人的海灘美景，但位置都稍嫌偏僻，旁邊沒什麼好逛的地方，大部分活動範圍只限待在飯店裡。不過位於美國村旁的Vessel Hotel Campana（坎帕納船舶酒店）和一般海灘飯店很不同，旁邊就是大型商場美國村，走路不到五分鐘就能抵達日落海灘、北谷公園，擁有絕佳

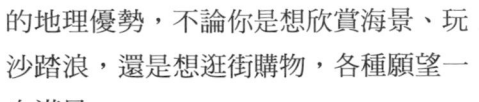

的地理優勢，不論你是想欣賞海景、玩沙踏浪，還是想逛街購物，各種願望一次滿足。

坎帕納船舶酒店分為一館、二館，其實二間就緊鄰在隔壁，而主要櫃檯位於一館，不論是住一館或二館，都能免費使用位於10樓的「展望浴場」，讓你能一邊泡湯一邊欣賞無敵海景。

整體來說這間飯店地理位置很棒，價位也算中等，想住在美國村周邊的話可別錯過囉！

房間舒適乾淨，床也很好睡呢！

○ NOTE

日本許多飯店是6歲以下孩童免費入住，有的則是12歲以下免費入住，而這間飯店則是18歲以下孩童免費入住唷！

有乾淨的衛浴設備，也有浴缸可泡澡。

飯店的大廳，寬敞又明亮。

10樓是免費的展望浴場，能一邊泡湯一邊欣賞無敵海景。

入住可免費送一枝冰棒喔！

用餐區空間很寬敞。

這裡也提供了自助式的早餐。

還有KIDS MENU專區呢！

飯店櫃檯位於9樓，柔和的色調讓整體有南洋渡假風情的氛圍。

歌町大和Roynet飯店算是商務型飯店，房間都位於10～18高層樓。

位於歌町站能欣賞那霸市美麗街景的商務型飯店

Daiwa Roynet Hotel
歌町大和Roynet飯店

🕐 **開放時間**：Check In：PM14：00
　　　　　　　Check Out：AM11：00
🏠 **地址**：沖繩縣那霸市歌町1-1-12番地
　　　　（新都心店）
📖 **MAP CODE**：33 188 290*52
📞 **電話**：098-862-4555
🅿 **停車場**：有
@ **官方網站**：http://www.daiwaroynet.jp/zh-tw/

　　歌町大和ROYNET飯店在沖繩總共有3間店，位於新都心店的是風評最佳的，聽說也是房間坪數最大的。這裡離單軌電車歌町站只有約5分鐘的距離，附近就有便利商店、藥妝店、購物中心，而且DFS就在對面，交通非常便利。除此之外，因為飯店房間位於10～18層樓，因此住這裡還能欣賞到高樓層的那霸市區美景！

將兩張床靠攏變成一大床，這樣的空間其實住2大2小也足夠了。

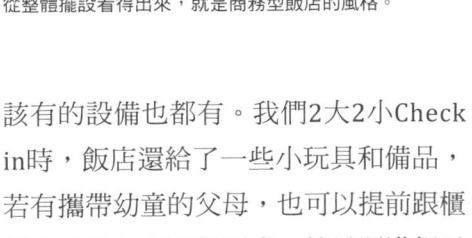

浴室就和一般商旅差不多，基本備品也都有。

從整體擺設看得出來，就是商務型飯店的風格。

9樓以下是商業辦公室，所以必須插卡進入電梯，控管挺森嚴的。

飯店櫃檯位於9樓，柔和的色調打造出南洋渡假風情的氛圍，我是住Hollywood Twin房型，只要將兩張床靠攏變成一大床，這樣的空間住2大2小也足夠了，而且因為是商務型旅館，其實

這間飯店位於歌町站附近，下樓就有很多商店可以逛。

該有的設備也都有。我們2大2小Check in時，飯店還給了一些小玩具和備品，若有攜帶幼童的父母，也可以提前跟櫃檯人員提出床圍的需求，算是還滿親子親善的飯店。

除此之外，飯店的早餐時間從6：30就開始了，對需要早起趕早班飛機的人來說非常實用，而且又是在高樓層用餐，一邊吃飯就將高樓美景盡收眼簾，我覺得還不錯呢！

位於美榮橋站附近
設備新穎的平價優質飯店
WBF水之都那霸酒店

🕐 **開放時間**：Check In：PM15：00
　　　　　　Check Out：AM11：00
🏠 **地址**：沖繩縣那霸市前島3-2-20番地
📖 **MAP CODE**：33 187 186*73
📞 **電話**：098-866-5000
🅿 **停車場**：有
@ **官方網站**：https://www.hotelwbf.com/
aquacitta-naha/

WBF水之都那霸酒店，是2017年10月新開幕的飯店。

因為是新飯店，所以整體設施都很新穎。

不想游泳的話，坐在頂樓欣賞夜景也不錯。

　　WBF水之都那霸酒店是2017年10月新開幕的飯店，位於地鐵美榮橋站附近，到國際通逛街很近，擁有絕佳的地理位置。飯店後方有免費的停車場，入住Check In時也有會中文的櫃檯人員，不用擔心雞同鴨講。

　　這個飯店很貼心，1樓提供了24小時無限暢飲的免費自助飲品區，還有一小區為兒童遊戲區，裡面有一些書、玩具、球池，不過區域算滿小的，人多的

房間雖然不大，但其實該有的設備都有。

頂樓主打免費使用的玻璃泳池，讓你邊游泳邊欣賞那霸美景。

房間裡還提供了一台免費手機，可以上網、免費撥打日本國內電話。

廁所內有浴缸，泡個舒服的熱水澡也不錯。

泳池旁還有個按摩池喔！

話可能會稍嫌擁擠。除此之外，頂樓還有個玻璃泳池、按摩池，可以讓你一邊游泳一邊欣賞整個那霸的街道美景，而且是免費使用的喔！

　　飯店內的房間並不大，但該有的沐浴用品、冰箱、吹風機等等都有，最特別的是房間裡還提供了一台免費手機，可以上網、免費撥打日本國內的電話呢！整體來說，這間因為是新飯店所以設備相當新穎，還有免費24小時的飲料區、游泳池、免費電話可供使用，是來沖繩南部入住的好選擇唷！

1樓有一區為兒童遊戲區，裡面有一些書、玩具、球池。

飯店很貼心，提供24小時無限暢飲的免費自助飲品區。

那霸市區裡平價舒適的好選擇
自由花園

🕐 **開放時間**：Check In：PM15：00、Check Out：AM11：00
🏠 **地址**：沖繩縣那霸市おもろまち4-17-27番地
📖 **MAP CODE**：33 188 508
📞 **電話**：098-869-3333
Ⓟ **停車場**：有
@ **官方網站**：http://www.libregardenhotel.com/

　　沖繩讓人流連忘返的除了有美景、美食外，這裡的住宿其實CP值都滿高的，不論是市區或郊區，只要提早訂通常都能撿到便宜。那霸市區裡每個單軌電車站附近，都有不少優質住宿飯店，我們最常住的是新都心站（歌町站）附近的飯店，因為位於鬧區且還車方便。

　　自由花園飯店我覺得住起來也相當舒適，書桌、電視、冰箱、衛浴備品都有，也可以跟櫃台購買早餐券。整體來說我覺得那霸市區裡的幾間平價飯店，都比較像是商務型飯店，房間空間雖然不算大，但該有的應有盡有，而且飯店附近就有超市、便利商店、藥妝店可以逛，我覺得是非常不錯的地點。

1. 自由花園飯店同樣位於那霸市區，地理位置相當好。
2. 自由花園飯店大廳，看起來也很寬敞乾淨。
3. 浴室也是很乾淨整潔。
4. 其實房間內的空間不小，要攤開行李箱整理行李也很綽綽有餘。
5. 一大床的房型，其實空間不小，也算舒適。

位於歌町站平價舒適的商務飯店
新都心法華俱樂部飯店

🕐 **開放時間**：Check In：PM14：00、Check Out：AM11：00
🏠 **地址**：沖繩縣那霸市おもろまち4-3-8番地
📖 **MAP CODE**：33 188 503
📞 **電話**：098-860-6611
🅿 **停車場**：有
@ **官方網站**：https://www.hokke.co.jp/

1. 法華飯店位於歌町站附近，交通位置很便利。
2. 這種商務型飯店，房間內的空間都稍嫌擁擠，但以價位、便利性、整潔度、舒適度來說，還是大力推薦。
3. 飯店裡該有的基本設備都有。
4. 就算房間小，但一定必備浴缸，泡個澡也挺舒適的。

那霸市裡有非常多間商旅或小飯店，我覺得都是很超值的平價住宿好選擇，雖然空間小，但是該有的設備都有，而且位置也都在相當便利的地方，若是不租車遊沖繩或是車子已經還了的話，住這些平價商務飯店真的很方便呢！

這間飯店就位在DFS附近，很適合回程晚班飛機的人住，因為還車後通常只想找個平價的住宿飯店，這裡就是很推薦的好選擇。飯店旁邊就有藥妝店、百元商店，離好逛的商場Main Place也不遠，雖然房間同樣稍小了一點，但以價位、便利性、整潔度、舒適度來說，還是大力推薦喔！

琉球溫泉瀨長島飯店，是瀨長島上唯一的溫泉飯店。

擁有天然溫泉的海景渡假飯店
琉球溫泉瀨長島飯店

遠眺美麗的瀨長島，超有渡假氣息。

夏季時也開放游泳池，可以在這裡悠閒游泳。

🕐 **開放時間**：Check In：PM15：00
　　　　　　　Check Out：AM11：00
🏠 **地址**：沖繩縣豐見城市字瀨長174-5番地
📖 **MAP CODE**：33 002 605*15
📞 **電話**：098-851-7077
🅿 **停車場**：有
@ **官方網站**：https://www.hotelwbf.com/senaga/

　　瀨長島是一個美得讓我想一來再來的地方，這間飯店是瀨長島上唯一的溫泉飯店，有著名的龍之湯溫泉，是個適合渡假的優質飯店，還有許多人是專程來這裡泡溫泉的呢！沖繩就算是五星級飯店，若提早預定也會有一些房價優惠，如果預算許可，建議可以訂個兩天，好好享受泡湯跟海景游泳池設施吧！

露天風呂房型，還有一個和室小空間。

Ocean View露天風呂房型，房間整體算滿大的。

這次我訂的房型是兩張床再加一個和室區塊，這樣大約才六千元台幣（含早餐），是不是非常超值呀！這裡的浴室其實不大，但有小椅子、淋浴室，而浴缸及溫泉是直接在戶外的，往外看出去剛好就是瀨長島的無敵海景，真心覺得早上起個大早，在這裡邊看日出邊泡澡實在是人生一大享受呀！

除此之外，這裡的早餐選擇也豐富，麵包、飯麵、粥等應有盡有，不論是親子旅行或小倆口旅行都很推薦，冬季泡湯、夏季來游泳，不管什麼季節來都很適合喔！

廁所內該有的沐浴用品應有盡有。

陽台上也附了一個小座椅，讓你能舒服地在這裡遠眺美麗的瀨長島。

圓圓的泡澡桶，看起來好有趣。

浴室其實是個淋浴室，因為浴缸、溫泉都在戶外。

早餐的選擇相當豐富，麵包、飯麵、粥等應有盡有。

OKINAWA
PARK

PART 2

親子這樣玩！
無料溜滑梯
公園特輯

36個沖繩特色公園大曝光！
海盜船溜滑梯、恐龍造型溜滑梯、超長滾輪溜滑梯，
各式各樣刺激好玩的遊樂設施通通免費使用，
趕快帶孩子來暢玩！

沖繩溜滑梯公園
使用須知

沖繩有許多大大小小、各具特色的溜滑梯公園，重點是這些公園全部是免費使用的！有的公園有超長滾輪溜滑梯，有的則是以潔白沙灘、美麗海景著名，更有的是特色公園，就是標榜主題來設計打造，例如絲瓜公園、恐龍公園、風獅爺公園、海盜船公園等等。本書裡共介紹了36個無料溜滑梯公園，但在使用公園遊具時，有一些事項要特別注意喔！

注意事項

❶ 公園很常一段時間就封閉維修，建議出發前先上網查詢一下。

❷ 一般遊樂設施使用年齡為3～12歲，因此大人是禁止使用的！

❸ 長溜滑梯的使用年齡為6～12歲（遊具旁設有公告），請一定要遵守。

❹ 玩溜滑梯時，紙板和墊板是禁止使用的，必須特別注意。

溜滑梯不定時維修，前往遊玩時記得先確認一下喔！

大人是不能使用的，要特別注意喔！

溜滑梯維修中，不能玩了啦，殘念……

遊具旁通常設有告示牌說明使用年齡，請一定要遵守。

沖繩溜滑梯公園位置

國頭村

結の濱公園

古宇利島

海洋博公園　　　　今歸仁村
　　　　　　　　　　　　　　　　大宜味村
八重岳櫻の森公園　　本部町　　屋我地島
　　　　　　　　　　　　　　　　　　　　　　東村
瀨底島

名護城公園　　　　　名護市　　　　　沖繩本島北部

金武地區公園
　　　　　　　　　恩納村　　　宜野座村
綜合運動公園　　　　　　　　　宜野座村農村公園
　　　　　　　　　　　　金武町
殘波岬公園　　　　　　　　　　大川兒童公園

　　　　　　　讀谷村　　　　　伊波公園
　　　　　　　　　　　　　　　　八重島公園
泊城公園　　　宇流麻市　　　　伊計島
安良波公園　　　　　　　　宮城島　　若夏公園
砂邊馬場公園　嘉手納町　沖繩市　平安座島　マンタ公園　　沖繩本島中部
北谷町
あだん兒童公園　　　　　　　　濱比嘉島　黑潮公園
比屋良川公園　　北中城村　　桃原公園
まちなと公園　宜野灣市　　　　中城公園
　　　　　　　　中城村　　　宜野灣市民公園
奧武山公園　　浦添市　　　　　上原高台公園
　　　　　　　西原町　　　　　浦添大公園
　　　　　　那霸市　　　　　　東崎公園
豐見城市　　南風　與那原町　　東濱きょうりゅう（恐龍公園）
　　　　　　原町
豐崎公園　　　南城市
　　　　　八重
海軍壕公園　　瀨町　　　　　　沖繩本島南部
　　　　　　　　　　　東濱シーサー公園（風獅爺公園）
糸滿市　　　　　宮城公園（絲瓜公園）
　　　　　　　　本部公園（野菜公園）
　　　　　　　　平和祈念公園
西崎親水公園　　山巓毛公園

結の濱公園

充滿繽紛遊具的海景溜滑梯公園

這裡雖然沒有超長溜滑梯，但是遊具種類齊全也都各有特色。

公園裡的特色公仔，站在路口歡迎大家到來。

👤 **建議年齡**：12歲以下

🕐 **開放時間**：無限制

⛲ **公園設施**：造型溜滑梯、旋轉溜滑梯、彈跳床、攀岩、繩索、觀景台、廁所、販賣機

🏠 **地址**：沖繩縣國頭郡大宜味村字塩屋1306番地

🗺 **MAP CODE**：485 642 187*14

📞 **電話**：098-044-3007

🅿 **停車場**：有

溜滑梯旁邊的繩索吊橋，對小小孩來說
還挺刺激的。

這裡也有攀岩遊具喔！

小小的溜滑梯，看起來好可愛喔～

　　這個公園沒有超長的溜滑梯，和其他公園相比也不大，但是遊具部分都很有特色，整體來說適合年齡較小的孩子來玩。公園裡的卡通公仔很可愛，而溜滑梯上也連接了許多小巧思跟機關，還有繩索吊橋、攀爬繩索等可以訓練孩子平衡感、促進感覺統合的遊具。

　　溜滑梯最上方有一個觀景台，走到這裡還能欣賞美麗的海景喔！這裡雖然和其他公園相比較小，但是基本的遊具都有，帶著小小孩來這裡能玩得滿足又開心！

1. 這裡的旋轉溜滑梯，是紅白相間的小蛇造型。
2. 旋轉溜滑梯遊具上方，有個跳床可以玩，在這裡也能欣賞海景。

繩索遊樂區 &
欣賞海生動物的無料公園
海洋博公園

- 👤 **建議年齡**：12歲以下
- 🕐 **開放時間**：8：00～19：30（3月～9月）；
  8：00～18：00（10月～2月）、休園日為12月的第1個星期三及其翌日（星期四）
- ✚ **公園設施**：兒童樂園（繩索遊樂區）、海豚劇場、海牛館、海龜館、沖繩鄉土村&歌謠植物園、翡翠海灘、夕陽廣場
- 🏠 **地址**：沖繩縣國頭郡本部町字石川424番地
- 📖 **MAP CODE**：553 075 797
- 📞 **電話**：098-048-2741
- 🅿 **停車場**：有
- @ **官方網站**：http://oki-park.jp/kaiyohaku/tc/

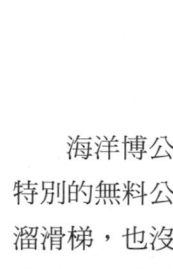
海洋博公園地圖

看小子爬得多賣力呀～在這裡可以耗費不少體力。

遊具旁邊設有告示牌，請依規定使用。

　　海洋博公園是眾多精彩公園裡非常特別的無料公園，因為它既沒有長長的溜滑梯，也沒有太多遊樂設施，但卻有非常多有趣的無料體驗，讓大人小孩都能玩得非常開心喔！它的周邊是「美麗海水族館」，這個水族館是要收費進入的，但如果你不想花錢進去也可以，就

在海洋博公園區域內玩就可以了，底下介紹這裡有趣又好玩的無料區域。

海洋博公園「兒童樂園」

　　海洋博公園的兒童樂園和一般公園最大的不同就是以「繩索」為主打遊具，更是日本最大的繩索遊樂區喔！這裡以「沖繩的海」為主題，藍色繩索象徵沖繩的海，一面展開氣勢相當壯觀，並劃分為四個場景：海浪區、黑潮區、大海原區、深海區，各有不同特色。

> **○ NOTE**
> 樂園裡設立許多告示牌，告知每個遊具建議使用的年齡，請大家務必遵守喔！

這裡可是日本最大的繩索遊樂區！

海豚劇場

　　劇場在兒童樂園的另一邊，位於沖繩美麗海水族館出口徒步約5分鐘，強烈建議一定要來欣賞精采的海豚表演，因為全程免費！每次表演約20分鐘，請先記好表演場次時間，並且提早到現場排隊等候喔！

海豚劇場在樂園的另一邊，是完全無料的表演秀，一定要來觀賞喔！

🕐 場次時間

11：00	13：00
14：30	16：00
★4～9月會再額外增加17：30的場次	

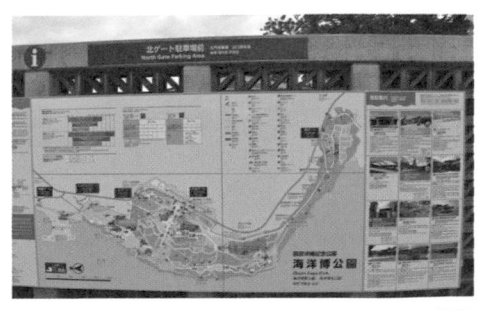
整個海洋博公園佔地非常廣大，不花錢也能在這玩得很開心。

帶孩子一起來認識可愛的海龜吧！

牆壁上也有海龜的圖片介紹。

● 海龜館

　　海龜館位於沖繩美麗海水族館出口徒步約5分鐘，來這裡可以從水面觀察海龜的泳姿，還能從地下觀覽室以側面視線觀察海龜的姿態。

● 海牛館

　　海牛館就在海龜館旁邊，海牛是國際保育動物，據說是美人魚的原型，別忘了帶孩子來參觀一下！這裡很特別的是可以從1樓水面上觀察海牛，也可以從地下觀察室裡觀賞牠們喔！

國際保育動物海牛，來這裡可以看得到喔！

🕐 海龜館&海牛館開放時間

8：30～19：00（3月～9月）

8：30～17：30（10月～2月）

海牛據說是美人魚的原型？！

我來這裡時是冬季，若是夏季來的話，這裡可是非常熱鬧喔！

一旁的告示牌有寫游泳開放時間。

● 沖繩鄉土村&歌謠植物園

從美麗海水族館出口徒步約10分鐘，可以抵達沖繩鄉土村，這裡顧名思義就是回味沖繩過往的風貌，重現17～19世紀琉球王國時代的沖繩民家與村莊樣貌。園區裡的「歌謠植物園」，種植的都是沖繩最古老的歌謠集裡所提及的植物，在這裡可以享受早期的沖繩生活體驗。

● 翡翠海灘

海洋博公園真的是可以玩上一整天的景點，重點是這些景點都是「無料」的，帶孩子爬了繩索、觀賞了可愛的海生動物後，非常推薦來公園北邊的Y字型珊瑚海岸（別忘了帶玩沙工具）。這裡是日本唯一的珊瑚內海灘，水質評鑑為超優質的「AA級」，更被認證為「快水浴場百選」之一，海灘範圍非常大，共分為遊樂沙灘、休憩沙灘、眺望沙灘三個區域，可以沿著海岸散步道一邊散步，一邊盡情欣賞美麗的海景。

🕐 沖繩鄉土村&歌謠植物園開放時間

8：30～19：00（3月～9月）

8：30～17：30（10月～2月）

🕐 翡翠海灘游泳開放時間

4月1日～9月30日的8：30～19：00

10月1日～10月31日的8：30～17：30

★租借沙灘排球用品免費、游泳或沖澡也是免費的喔！

日本最早盛開櫻花的景點
八重岳櫻の森公園

- 👤 **建議年齡**：12歲以下
- 🕐 **開放時間**：無限制
- 🚻 **公園設施**：長溜滑梯、小溜滑梯、攀爬繩、散步道、涼亭、廁所
- 🏠 **地址**：沖繩縣本部町並里921番地
- 📖 **MAP CODE**：206 830 214*22
- 📞 **電話**：098-047-6688
- Ⓟ **停車場**：有

　　沖繩北部是日本最早櫻花開的縣市，所以通常1月就會開花了，如果剛好安排1月中下旬～2月初要來沖繩旅遊，非常適合安排到八重岳櫻の森公園或名護城公園走走，小孩玩溜滑梯玩得開心，大人也能賞櫻看看美景。

　　這個公園的遊樂設施雖然沒有其他公園多，但其最大的特色就是在櫻花盛開的季節前往的話，可感受到櫻花綻放之美。這裡有一個長型的大溜滑梯，斜度設計剛剛好，很適合小孩子們玩，而一旁也有用半木頭組成的小溜滑梯遊具，可以讓孩子玩得很開心。

1. 1月中下旬～2月初有安排來沖繩旅遊的話，推薦安排這個景點，大人賞櫻、小孩玩溜滑梯。
2. 大溜滑梯旁的小溜滑梯遊具，是用半木頭組成的。
3. 這裡還有一些攀爬繩的遊具，可以讓孩子玩。
4. 這裡的大溜滑梯斜度設計剛剛好，很適合小孩子們玩。

夏季玩水消暑的親水公園
大川兒童公園

建議年齡：12歲以下

開放時間：無限制

公園設施：造型溜滑梯、小魚泡腳池、兒童戲水池、沙坑、廁所

地址：沖繩縣國頭郡金武町字金武658-1番地

MAP CODE：206 110 876*86

停車場：有

　　大川兒童公園位在金武町地區，跟金武町地區公園成為了三角地帶，但這個公園的特色和金武町地區公園完全不一樣喔！這裡是以親水公園為主軸，因此溜滑梯並不是主打特色，來這裡主要是玩水，所以很推薦夏天前往。

　　這裡有個兒童大水池，孩子們可以在這戲水玩樂、互射水槍，非常有趣好玩！另外還有個小魚池，可以在這裡踩踩水、撈撈小魚等，夏天午後來這裡玩水、玩小沙坑，孩子肯定能玩得不亦樂乎，再加上還有大樹當遮蔭，是個很好玩的消暑公園。

1. 夏天就來這個公園玩溜滑梯，順便玩水吧！
2. 父母們可以坐在一旁的休息椅，看著孩子在水池裡玩水。
3. 溜滑梯一旁就是泡腳池，可以帶孩子來這裡玩水。
4. 這裡雖然沒有長滾輪溜滑梯，但也一樣好玩。

沖繩櫻花季時期，可以安排到北部來探訪這個美麗的公園。

玩溜滑梯一邊欣賞櫻花美景
名護城公園

👤 **建議年齡**：12歲以下（公園設施）

🕐 **開放時間**：無限制

🔧 **公園設施**：造型溜滑梯、幼兒遊具、滑繩索、販賣機、廁所

🏠 **地址**：沖繩縣名護市名護5511番地

📖 **MAP CODE**：206 629 375

📞 **電話**：098-052-7434

🅿️ **停車場**：有

往下面的小山丘走，還會發現更多的遊具喔！

這一區算是幼兒遊具區，溜滑梯較短也較安全。

每年1～2月是沖繩櫻花季，若是有機會到沖繩北部玩，別忘了帶孩子來這個公園，不僅可以玩溜滑梯，還能欣賞櫻花美景喔！公園佔地廣大，遊具的部分位於山頂的Umaku廣場（停好車往下方走即可看見），若是將車停在半山腰，可以進入公園後再往上走，邊走邊賞櫻。

這裡的遊具我覺得各年齡層的孩子都適合，不僅有幼兒適合玩的小型溜滑梯，還有適合6歲以上的長滾輪溜滑梯，另外還有滑繩索、單槓區、爬繩區等等。公園廣場裡面有個「櫻橋」，更是電影常取景的名勝之一，別忘了來朝聖一下喔！

1.除了小溜滑梯外，這裡也有長型的滾輪溜滑梯喔！
2.滑繩索是很好玩的遊具，也是沖繩公園裡很常見的設施。
3.單槓區、爬繩、小型溜滑梯……這裡應有盡有。

公園遊具佔地不大，但因為與體育館跟博物館相連，因此
整體佔地非常寬廣。

一旁也有可稍做休息的涼亭。

佔地廣大的
溜滑梯公園
宜野座農村公園

宜野座整座公園的全貌。

- 👤 **建議年齡**：12歲以下
- 🕐 **開放時間**：08：30～22：00
- ⚓ **公園設施**：長型溜滑梯、沙坑、廁所
- 🏠 **地址**：沖繩縣國頭郡宜野座村惣慶1857番地
- 📖 **MAP CODE**：206 237 210*27
- 📞 **電話**：098-968-8647
- Ⓟ **停車場**：有

我來探訪時是耶誕節前夕，因此也有一些耶誕佈置。

這裡有寬闊的草地，適合帶孩子來放風。

公園鄰近博物館，有興趣的父母也可帶孩子一同探訪。

遊具架設在小山丘上，也讓長溜滑梯變得刺激又好玩！

　　宜野座公園位在沖繩中部、宜野村附近，這個公園的遊具佔地不大，但是因為與體育館跟博物館相連，所以整體的佔地不小。這裡的遊具非常新穎，而且架設在小山丘上，因此也加深了溜滑梯的刺激程度喔！

　　公園旁有很大的操場、棒球場、小沙坑等等，下午孩子剛睡飽的午後，非常適合帶來放風。宜野座公園設備新穎、人潮不多，如果剛好居住附近或經過這裡，不妨帶孩子來放風吧！

公園的另一頭是運動場，想跑步運動或玩踢球都很適合。

軟墊區適合小小孩玩耍。

一起來探訪這個佔地寬廣、遊具齊全又好玩的公園吧！

沖繩很常見的吊床盪鞦韆。

佔地廣大且遊具齊全
金武地區公園

👤 **建議年齡**：12歲以下

🕐 **開放時間**：08：30～22：00

⚓ **公園設施**：造型溜滑梯、滑繩索、盪鞦韆、攀爬網、沙坑、停車場、廁所

🏠 **地址**：沖繩縣國頭郡金武町字金武7893番地

📍 **MAP CODE**：206 109 829*56

📞 **電話**：098-968-8996

🅿 **停車場**：有

這裡也有沙坑區，別忘了帶玩沙工具來！

雖然這裡的大溜滑梯不算長，但我家孩子還是玩得很開心。

　　金武地區廣場非常大，區域內總共有3座公園，包括金武地區公園、中川公園、大川公園。這邊介紹的是金武地區公園，這個公園雖然是2000年開始建造，但我來探訪時發現這裡的遊具設備、環境都非常新，應該是陸續有再整修過。

　　這裡佔地非常廣，整個金武地區附近有棒球場、體育場、健康器材等等，設備非常齊全，兒童遊具的適齡也很廣，不僅有小小幼兒區，還有大型溜滑梯區、吊床盪鞦韆區，可以滿足不同年齡層的孩子喔！

有大溜滑梯當然也有小溜滑梯，適合帶幼兒來這區玩耍。

金武地區廣場非常大，這區域內總共有3個公園喔！

欣賞美麗海景的濱海公園
殘波岬公園

👤 **建議年齡**：12歲以下（公園遊具）

🕐 **開放時間**：無限制

⚓ **公園設施**：溜滑梯、幼兒遊具、攀岩、沙坑、盪鞦韆、廁所

🏠 **地址**：沖繩縣中頭郡讀谷村字宇座1861番地

📖 **MAP CODE**：100 568 5380*00

📞 **電話**：098-958-0038

🅿 **停車場**：有

@ **官方網站**：http://www.ti-da33.com/

殘波岬是很著名的風景名勝，是沖繩中部很夯的熱門景點。

公園遊具區入口處會看到一隻很大的風獅爺。

風獅爺旁有一艘大船，這是早期與中國進行貿易的進貢船模型。

　　殘波岬是沖繩本島非常著名的風景名勝，因此這個公園也是很值得探訪的地方，這裡雖然沒有超長溜滑梯，但是佔地廣大、遊具種類齊全，還能欣賞到漂亮的海景，若有機會來到沖繩中部，別忘了安排到此一遊。

　　遊具區位於殘波岬燈塔的另一邊，建議車子可以停在殘波岬燈塔附近，一邊欣賞美麗的景色一邊徒步前往遊具區，快到遊具區時會看到一隻全沖繩最大的風獅爺，別忘了和牠合照，一旁則會看到一艘大船，這是早期與中國進行貿易的進貢船模型。

　　進入公園遊具區後，會發現這裡真的很親子親善，還特別圈出一個區域是

1.殘波岬公園是很好玩的濱海公園，遊樂設施多樣又好玩！ 2.這裡有許多好玩的盪鞦韆、搖搖椅，別忘了帶孩子來這裡玩樂唷！ 3.小小的攀岩設施，帶孩子來體驗一下吧！ 4.沖繩越來越多溜滑梯改為非滾輪的材質，但一樣刺激好玩！

提供給幼兒（1～3歲）活動的場所，有別於其他區域的石地、沙地，這邊鋪上舒適的軟墊以及適合幼童的遊具，年齡較小的孩子能在這裡玩得安全又開心。

除此之外，一般公園常見的溜滑梯、搖搖馬、攀岩、沙坑、盪鞦韆等遊具也通通都有，種類齊全又能欣賞到漂亮美景，更特別的是公園旁的休閒廣場有個小可愛動物區，可以帶孩子來這裡看山羊，也能到一旁的商店內購買飼料餵食唷！

○ NOTE

公園旁有個休閒廣場，裡面有餐廳、BBQ烤肉，也可以付費觀賞忍者秀，烤肉和忍者秀都可以事先網路預約。

★預約BBQ烤肉：http://goo.gl/qawmrv
★預約忍者秀：http://goo.gl/9DbG6k

5.園區內特別圍出一個區域給1～3歲孩子遊玩，在這裡能玩得安全又開心。
6.這座石頭溜滑梯，很受孩子們喜愛唷！

沖繩公園
中部

到水管溜滑梯裡大探險
伊波公園

神祕的水管溜滑梯，帶孩子一起來大探險吧！

👤 **建議年齡**：12歲以下
🕐 **開放時間**：09：00～18：00
🏃 **公園設施**：螺旋溜滑梯、長型溜滑梯、幼兒遊
　　具、盪鞦韆、沙坑、滑繩索、販賣機、廁所
🏠 **地址**：沖繩縣宇流麻市石川伊波23番地
📖 **MAP CODE**：33 893 724*77
🅿 **停車場**：有

　　伊波公園距離熱門的恩納村很近，所以許多家長都會安排順遊這個公園，公園內的主溜滑梯以咖啡色系打造，螺旋管狀的設計，像極了神祕的水管洞穴，讓孩子在裡面鑽來鑽去大探險。除了水管狀的溜滑梯之外，還有長型刺激的溜滑梯，但要注意建議使用的年齡為

這裡是3～6歲幼兒的遊戲區，有各種適合幼兒的遊具。

公園內的可愛吊床盪鞦韆。

刺激的長型溜滑梯，要來挑戰看看嗎？

日本公園內幾乎都設有洗手跟飲水區。

告示牌寫著，建議6～12歲再使用長型溜滑梯，一定要遵守喔！

6～12歲，一旁的告示牌上也寫著要蹲著溜，不要拿滑草板或紙箱墊著溜，一定要遵守喔！

除了水管溜滑梯、刺激的長型溜滑梯外，這裡也有適合3～6歲幼兒的小溜滑梯、可愛的吊床盪鞦韆、各式幼兒遊具等等，可以滿足不同年齡孩子的需求。探訪了這麼多公園，我發現日本公園都很貼心，幾乎都設有洗手跟飲水區，親子親善的設計難怪是我們親子旅遊的第一首選國家。

乘坐彩虹溜滑梯俯瞰絕美海景
泊城公園

1.小型的幼兒遊具，可是公園裡必備的喔！
2.除了長滾輪溜滑梯外，這裡也有具特色的岩石溜滑梯。
3.從彩虹溜滑梯溜下去，能看到遠方的海景。
4.看看這溜滑梯的長度，是不是非常刺激呀！

整體來說，這裡可是個能玩溜滑梯、玩沙、看海景三重享受的美麗公園。

泊城公園因臨近海岸，在這裡遊玩可以觀賞到絕美海景，著名的就是長型滾輪溜滑梯，因其底色為繽紛色系，也可稱之為彩虹溜滑梯。爬上彩虹溜滑梯的置高點溜下去，就能俯瞰到絕美的景色，而彩虹溜滑梯下方有個岩石塊，除了可讓孩子在這裡攀岩，旁邊也設立了兩座溜滑梯，能讓孩子遊玩。

公園裡也設立了幼兒溜滑梯等遊具，年齡較小的幼兒可以待在這裡玩，而且地上的沙也很乾淨潔白，別忘了帶玩沙工具來玩沙喔！公園的另一端與海邊相連，往那裡走去可以看到美麗的海景，整體來說這裡是個可以玩溜滑梯、玩沙、看海景三重享受的美麗公園。

- 👤 **建議年齡**：12歲以下
- 🕐 **開放時間**：無限制
- ⚓ **公園設施**：彩虹溜滑梯、岩石溜滑梯、攀岩、幼兒遊具、沙灘、廁所
- 🏠 **地址**：沖繩縣讀谷村渡具知228番地
- 📖 **MAP CODE**：33 703 265
- 📞 **電話**：098-982-8877
- Ⓟ **停車場**：有

腹地廣大的親子公園
八重島公園

👤 **建議年齡**：12歲以下
🕐 **開放時間**：無限制
🎋 **公園設施**：長型溜滑梯、木製遊具、幼兒遊具、攀爬繩索、廁所、販賣機
🏠 **地址**：沖繩市八重島1丁目1番地
📖 **MAP CODE**：33 621 640*22
📞 **電話**：098-939-1212
🅿 **停車場**：有

　　八重島公園位於沖繩中部的沖繩市，公園腹地非常寬敞，也有多個入口，而遊具區在公園的右邊，我們到訪的時候剛好是遊具區的翻修時間，但依舊不難看出八重島公園遊具的特色之處。這裡除了長型溜滑梯外還有精緻的大型遊樂設施，還有一大片草皮，很適合帶孩子來跑跑跳跳喔！

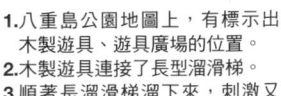

1. 八重島公園地圖上，有標示出木製遊具、遊具廣場的位置。
2. 木製遊具連接了長型溜滑梯。
3. 順著長溜滑梯溜下來，刺激又好玩！
4. 公園佔地寬廣，很適合帶孩子跑跑跳跳。

刺激好玩的屋頂溜滑梯樂園
若夏公園

👤 **建議年齡**：12歲以下
🕐 **開放時間**：無限制
🎏 **公園設施**：長型溜滑梯、幼兒遊具、攀爬繩索、沙坑、滑繩索、平衡木、廁所、販賣機
🏠 **地址**：沖繩縣沖繩市東2-17-1番地
📖 **MAP CODE**：33 624 843*80
📞 **電話**：098-939-1212
🅿️ **停車場**：有（在溜滑梯上方入口的對面）

3～6歲的孩子，可以到小遊具區玩。

這裡設置了許多平衡木遊具，讓孩子訓練感統平衡。

這裡的滑繩索很特別，採用雙向繞圈設計，以往大多數的公園都是單向。

爬上屋頂後，從長長的溜滑梯溜下來吧！

屋頂下方有攀爬網，可以讓孩子玩得很開心。

屋頂下方也有許多遊具可供玩樂。

除了長溜滑梯外，這裡也有短溜滑梯適合幼兒玩樂。

若夏公園的木製屋頂，連接許多大大小小不同的溜滑梯。

○NOTE
這裡的溜滑梯下方都有軟墊的設計，不用擔心孩子受傷，真的是很貼心呢！

　　若夏公園離美國村、安良波公園都很近，而且是 2017 年 5 月新開放的公園，所以遊具非常新，最特別的是它以木製屋頂來連接許多大大小小不同的溜滑梯，爬上屋頂後就可以溜下體驗刺激快感，是個有趣好玩的屋頂溜滑梯樂園。

　　溜滑梯旁邊的草地上，設置了許多平衡木遊具，在這裡也可以讓孩子訓練感統平衡，一旁也有刺激好玩的滑繩索、攀岩設施等等，而且這裡的滑繩索是雙向繞圈的，這是很新的設計，以往大多數的公園都還是單向的。除此之外，攀岩區的設計也很可愛，下面也有貼心的軟墊設計，不吸熱也不會燙傷，是很貼心的設計之一。另外，這裡也有適合年紀較小的幼兒遊具，來這裡可以同時滿足不同年齡孩子的玩樂需求唷！

乘坐超長滾輪溜滑梯大冒險
マンタ公園（曼塔公園）

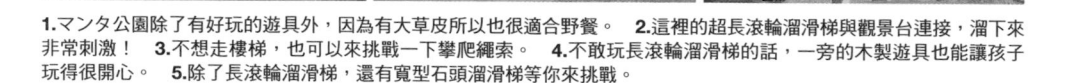

1.マンタ公園除了有好玩的遊具外，因為有大草皮所以也很適合野餐。　2.這裡的超長滾輪溜滑梯與觀景台連接，溜下來非常刺激！　3.不想走樓梯，也可以來挑戰一下攀爬繩索。　4.不敢玩長滾輪溜滑梯的話，一旁的木製遊具也能讓孩子玩得很開心。　5.除了長滾輪溜滑梯，還有寬型石頭溜滑梯等你來挑戰。

👤 **建議年齡**：12歲以下
🕐 **開放時間**：無限制
🚻 **公園設施**：長滾輪溜滑梯、木製遊具、攀爬繩索、廁所、販賣機
🏠 **地址**：沖繩市海邦2-13番地
📖 **MAP CODE**：335 595 312*71
🅿 **停車場**：無

NOTE
因為這裡是住宅區附近的公園，所以沒有停車場，必須在附近找尋一下車位。

　　マンタ公園（Manta Park），又稱為曼塔公園，這裡的超長滾輪溜滑梯與觀景台連接，登上觀景台後就可以到溜滑梯入口，整個溜滑梯由上而下不斷延伸彎曲，非常刺激！如果不敢玩超長溜滑梯的話，一旁也有木製遊具，用木頭打造的體健設施、溜滑梯等等，也是適合孩子玩樂的好地方。

　　這個公園內有廣大的綠色草皮，很適合帶孩子野餐放風，公園對面就有一間LAWSON，停好車後可以到裡面買飯團，帶到公園裡野餐去！

體驗超長溜滑梯的極速快感
桃原公園

👤 **建議年齡**：6～12歲
🕐 **開放時間**：08：30～22：00
🛝 **公園設施**：長型滾輪溜滑梯、攀爬網、廁所、販賣機
🏠 **地址**：沖繩縣中頭郡北谷町字吉原554-1番地
📖 **MAP CODE**：33 558 097*30
📞 **電話**：098-836-0077
🅿 **停車場**：有（山下、山腰、山上各一個）

桃原公園是很特別的溜滑梯公園，因為公園裡並沒有太多遊具，最吸引人的就是長達83公尺的觀景台溜滑梯，因為高度很高而且坡度落差大，因此溜下來非常刺激，來這邊大多是想體驗這個超長溜滑梯的極速快感。

沖繩溜滑梯公園的大溜滑梯，幾乎都有寫上適齡6～12歲的孩子使用，照著遊戲規則玩才能好好愛護這些遊具，一定要遵守喔！順著長溜滑梯溜下後，還要再走長長的樓梯上來，才能再次玩到這個刺激的溜滑梯，光是這一來一往就可以讓孩子徹底放電了呢！

1. 順著長溜滑梯溜下後，還要再走長長的樓梯上來，才能再次玩到這個刺激溜滑梯。
2. 這裡最吸引人的就是長達83公尺的觀景台溜滑梯。
3. 這裡有許多攀爬網，孩子爬上爬下能玩得很開心。
4. 做好心裡準備，即將展開刺激大冒險了嗎？
5. 從觀景台瞭望，一圈圈的溜滑梯，光用眼睛看就覺得好刺激呀！

巨型彈跳床&滾輪溜滑梯HIGH翻天
中城公園

彈跳床可是有開放時間的，別忘記囉！

這裡最著名的就是各具特色的造型溜滑梯。

彎彎曲曲的螺旋溜滑梯……
溜下來不知道頭會不會很暈？

- 🧍 **建議年齡**：12歲以下
- 🕐 **開放時間**：彈跳床使用時間09：30～17：30
  （夏季至18：00）
- 🛝 **公園設施**：滾輪溜滑梯、隧道溜滑梯、螺旋溜滑梯、巨型彈跳床、攀爬網、滑繩索、幼兒遊具、吊床、沙坑、廁所
- 🏠 **地址**：沖繩縣中城村登又1319番地
- 📖 **MAP CODE**：33 410 668
- 📞 **電話**：098-935-2666
- 🅿 **停車場**：有

彈跳床下方設有攀爬網，可以在這體驗攀爬樂趣。

中城公園橫跨中城村與北中城村，是佔地寬廣的大公園，比奧武山公園、埔添公園還大，共分為：南區遊具區、中央遊具區、西區遊具區、健康遊具區、大草原廣場這五個區域，而最夯的巨型彈跳床就位於南區遊具裡，跳床下方佈滿了攀爬網，就算下雨天前往，孩子還是可以在這裡盡情遊玩。

除了巨型跳床之外，公園內還連結了四個各具特色的溜滑梯，其中最吸引人的就是位於中央遊具區的滾輪式溜滑梯、滑繩索！我覺得光是這一區，就能讓孩子待上不少時間，可以在這玩得不亦樂乎。若家裡孩子年齡小的話，則可以到西區遊具區遊玩，這裡是提供給幼

兒玩耍的區域，設有小型溜滑梯、大型沙坑、吊床，甚至還有小屋子可以躲貓貓，絕對能讓孩子玩得很開心。

至於健康遊具區，基本上就是有一些健康器材，例如刺激穴道的石頭天堂路、體操運動等遊具，較適合成人使用。除了遊具區之外，最後可別忘記了中城公園的大草原廣場，在這裡可以讓孩子盡情的奔跑、放風箏、玩飛盤、野餐等等。

整體來說，中城公園不虧是沖繩中區超熱門的無料公園，因為不僅佔地廣大、遊具種類又齊全，能滿足各個年齡層的孩子，讓孩子開心玩不停。

這裡規定只給12歲以下的孩子使用喔！

遊具都有標註適合的年齡，請大家要確實遵守唷！

南區的彈跳床分為一大一小，大的使用年齡是6～12歲、小的適合3～12歲的孩子玩。

欣賞海景的沙灘公園
安良波公園（海盜船公園）

- 👤 **建議年齡**：無限制
- 🕐 **開放時間**：09：00～18：00（海水浴場）
- ✚ **公園設施**：小溜滑梯、搖搖馬、海盜船、滑繩索、白色沙灘
- 🏠 **地址**：沖繩縣中頭郡北谷町北谷2丁目21番地
- ▊▊ **MAP CODE**：33 496 018*66
- 📞 **電話**：098-936-0077
- Ⓟ **停車場**：有

安良波公園的旁邊就是安良波海灘，是個可欣賞海景的沙灘公園。

這裡最著名的就是海盜船溜滑梯。

就是這個滑繩索，妮妮準備來挑戰看看囉！

滑繩索刺激又好玩呢！

帶著孩子探訪這座海盜船遊具，來一趟大冒險吧！

這裡因鄰近岸邊，可以欣賞到海岸美景。

海盜船連接了許多具有特色的遊具。

一旁的小溜滑梯遊具，適合小小孩玩。

　　安良波公園距離美國村很近，最具特色的就是海盜船的遊具，而且位於海邊所以是踩沙灘、觀海景的絕佳景點。夏季的時候這裡可是非常熱鬧，一旁還有海水浴場（開放時間09：00～18：00），夏季時會有救生員和水上活動。

　　海盜船遊具旁有滑繩索可供孩子玩樂，船上也有攀爬網和連接著溜滑梯的走道，船的正前方還有長型沙坑，可以讓孩子跑跑跳跳，絕對能讓孩子玩得非常開心！

享受海島氣息的沙灘公園
砂邊馬場公園

建議年齡：12歲以下

開放時間：無限制

公園設施：滾輪溜滑梯、盪鞦韆、攀爬網、攀岩、廁所、販賣機

地址：沖繩市北谷町字砂邊1-4番地

MAP CODE：33 584 342*77

電話：098-936-0077

停車場：有

砂邊馬場公園就在美國村附近，公園裡的遊具種類齊全，而且又鄰近海灘，帶孩子玩溜滑梯後，就能到海灘旁玩沙、看海，欣賞海島氣息！

這裡的遊具是以大鯨魚造型設計的，大鯨魚連接了許多大大小小的溜滑梯，而鯨魚尾巴就是長滾輪溜滑梯，長度雖然不像浦添公園、奧武山公園這樣長，但一樣好玩！一旁也有體適能遊具、攀爬網、攀岩、小溜滑梯等應有盡有的遊具，而且公園裡有大片的草原可以讓孩子奔跑，而另一邊是一片沙灘，真的是個很棒的無料公園。

1. 長長的滾輪溜滑梯，要蹲著溜才不會屁股痛喔！
2. 砂邊馬場公園的招牌上，有隻可愛的海龜石像。
3. 公園裡的溜滑梯遊具，是以大鯨魚造型設計。
4. 盪鞦韆一直是公園裡不可少的熱門遊具。
5. 這裡唯一和馬有相關的，是個有馬圖案的小洞。

到森林樹屋展開冒險旅程
あだん兒童公園（樹屋公園）

あだん兒童公園（Adanjido Park）是很特別的溜滑梯公園，園內主要以樹幹為基底設計出溜滑梯，搭配樹根隧道讓孩子在這裡展開大冒險。公園位於巷內，周邊都可以停車所以還算方便，以大樹木為基底的溜滑梯非常堅固，一旁的盪鞦韆也是以樹木延伸並且搭配木頭設計，下方則是座沙地，看起來就像是個森林小屋。

- 👤 **建議年齡**：12歲以下
- 🕐 **開放時間**：無限制
- ⚓ **公園設施**：樹木溜滑梯、盪鞦韆、攀爬網、繩索吊橋、廁所
- 🏠 **地址**：沖繩縣宜野灣市大山6丁目26番地
- 📑 **MAP CODE**：33 405 213*41
- Ⓟ **停車場**：無

1. 連接著樹幹的溜滑梯，非常特別。
2. 這裡的地面是沙地，別忘了帶挖沙工具組來玩喔！
3. 以樹幹為基底來連接溜滑梯，看起來就像個森林小屋。
4. 一旁也有這種小型溜滑梯，同樣是連接樹幹來設計。
5. 踩著仿舊感的樓梯，一起來森林小屋冒險吧！
6. 以樹木延伸搭配木頭設計的盪鞦韆。

隱身在小巷內的靜懿公園
まちなと公園

👤 **建議年齡**：12歲以下
🕐 **開放時間**：無限制
⚙ **公園設施**：長型滾輪溜滑梯、旋轉溜滑梯、繩索吊橋、沙坑、幼兒遊具、廁所
🏠 **地址**：沖繩縣浦添市牧港2丁目38番地2
📖 **MAP CODE**：33 342 392*63
📞 **電話**：098-877-4922
🅿 **停車場**：無（必須路邊停車）

　　まちなと公園（Machinato Park）隱身在浦添市巷內，雖然沒有超長滾輪溜滑梯，也不像浦添大公園佔地這麼廣寬，但它的遊具種類齊全，也有設置3歲以下孩子使用的幼兒遊具，整體來說是很好玩的溜滑梯公園，不想人擠人到熱門溜滑梯景點的話，在這裡也能讓孩子玩得非常開心。

　　公園裡有刺激的長型滾輪溜滑梯，也有小型溜滑梯，可滿足不同年齡孩子的需求，而整個公園底下是以沙坑為基底，小朋友玩耍時也挺安全的，是個遊具種類齊全又好玩的公園。

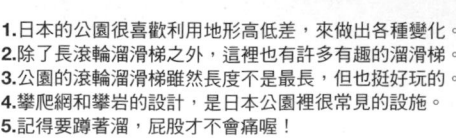

1.日本的公園很喜歡利用地形高低差，來做出各種變化。
2.除了長滾輪溜滑梯之外，這裡也有許多有趣的溜滑梯。
3.公園的滾輪溜滑梯雖然長度不是最長，但也挺好玩的。
4.攀爬網和攀岩的設計，是日本公園裡很常見的設施。
5.記得要蹲著溜，屁股才不會痛喔！

遊具齊全的復古懷舊樂園
宜野灣市民公園

👤 **建議年齡**：12歲以下
🕐 **開放時間**：06：00～22：00
🚇 **公園設施**：平面溜滑梯、長型溜滑梯、幼兒遊具、滑繩索、大草坪、健康器材、廁所、販賣機
🏠 **地址**：沖繩縣宜野灣市字神山無手原2-1番地
🏙 **MAP CODE**：33 346 386*41
📞 **電話**：098-943-9607
Ⓟ **停車場**：有

宜野灣市民公園離美國村很近，離北谷美國村裡的Monpa海濱公寓只距離10幾分鐘的車程，如果行程有安排附近或住在美國村的話，不妨帶孩子到這個公園遊玩。公園內有許多造型溜滑梯，例如石頭溜滑梯、長型溜滑梯、幼兒遊具等等，可以滿足不同年齡層的孩子。

公園裡的溜滑梯有長型的刺激溜滑梯，還有個充滿懷舊感、以木造建築為設計的石頭溜滑梯，斜度採一緩一陡的設計，讓孩子體驗不同的速度快感。除此之外，還有個熊貓圖案的平面溜滑梯，下方都有緩衝墊，所以孩子溜下來也很安全。除了各具特色的溜滑梯之外，這裡也有木造的翹翹板、盪鞦韆、滑繩索等遊具，遊樂設備很齊全，可以讓孩子充分在這裡放電一個下午。

孩子們手牽手，要溜下去囉！

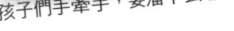

1.沖繩公園裡，很常見到這種充滿蜿蜒感的長型溜滑梯。
2.復古的兩座石頭溜滑梯，斜度採一緩一陡的設計，可讓孩子體驗不同的速度快感。
3.平面溜滑梯下方有緩衝墊設計，孩子溜下來也很安全。

探訪蔚藍美麗的海洋遊樂園
黑潮公園

黑潮公園以鯨魚為吉祥物，看得出來招牌上是一隻鯨魚嗎？

👤 **建議年齡**：12歲以下

🕐 **開放時間**：無限制

⚕ **公園設施**：溜滑梯、滑繩索、攀爬網、盪鞦韆、廁所、販賣機

🏠 **地址**：沖繩縣沖繩市泡瀨2丁目34番地

📖 **MAP CODE**：33 535 582*51

🅿 **停車場**：有

這裡以黑潮之海來設計整個遊具主題。

攀爬網高塔，就像在燈塔海邊守候魚船們回家的燈塔。

黑潮公園是離泡瀨魚港最近的一個公園，算是社區型公園，可以在泡瀨魚港吃完焗烤龍蝦後，帶著孩子到這裡散步走走。這裡以藍色為基底，並以黑潮之海為主設計，從溜滑梯、繩索、攀爬網都是，放眼望去會看到一片藍色，就像藍色大海一般讓人心情放鬆又舒適。

公園內的攀爬網高塔，就像在燈塔海邊守候魚船們回家的燈塔，而高塔旁也連接了許多溜滑梯，下方也有安全的軟墊設計，非常貼心。這裡雖然沒有長長的溜滑梯，但是有不少可以訓練孩子們肌耐力、感覺統合的遊具，非常推薦親子來這裡遊玩。

公園的一旁有可供休息、遮陽的涼亭。

公園裡也有盪鞦韆，供孩子玩樂。

這裡有不少可以訓練孩子們肌耐力、感覺統合的遊具。

這裡沒有長長的溜滑梯，但各式各樣的遊具也應有盡有。

每個遊具都富有小巧思，以海洋為主題來設計。

讓孩子玩得不亦樂乎的大型遊樂園
綜合運動公園

2017年新開放的遊樂設施，是以紅色系為主打，和舊有的綠色城堡遊具有所區隔。

紅色攀爬網連接了許多大大小小、各有特色的溜滑梯。

大型公園裡，少不了體健設施型的遊具。

公園佔地廣大，一旁也有適合幼齡孩童的遊具區。

👤 **建議年齡**：12歲以下
🕐 **開放時間**：無限制
⚓ **公園設施**：溜滑梯、幼兒遊具、滑繩索、彈跳床、攀爬網、盪鞦韆、廁所、販賣機
🏠 **地址**：沖繩縣沖繩市比屋根5-3-1番地
📍 **MAP CODE**：33 474 847*11
📞 **電話**：098-932-5114
🅿 **停車場**：有

舊有的遊具設施，是以城堡尖塔造型為主設計。

這裡有許多非常具特色的溜滑梯，能讓孩子玩得很開心。

綠色城堡旁也有盪鞦韆供孩子玩耍。

每個遊具都各有巧思設計，趕快帶孩子來玩吧！

球狀設計的感統遊具，可以訓練孩子手腳平衡。

很特別的球狀遊具，可以坐在球上盪來盪去。

　　綜合運動公園的佔地非常大，光停車場就有10個，公園內還有露營區、多種室內設施，以及多種運動課程。除此之外，這裡也有一區非常大的兒童遊戲區，光是溜滑梯的種類就非常多，而2017年更開放了全新的大型兒童遊樂設施喔！

　　這裡的遊樂區分為兩區，2017年新開放的遊樂設施是以紅色系為主，紅色攀爬網連接了許多溜滑梯，最上方還有彈跳床供孩子遊玩，而且保護設施都做的很好，邊條都有防撞設計、地上也是以軟墊設計。

　　另一區的遊具是原本就有的，是以綠色系為主，整個公園像個綠色城堡，不僅有溜滑梯、攀爬網，還有很多訓練孩子感統發展的遊具。兩座遊具區各有特色，而且都非常好玩，帶孩子來這裡肯定能玩得很盡興！

大木造遊具內除了有一般溜滑梯，也有許多體能攀爬區。

令孩子為之瘋狂的超長滾輪溜滑梯
浦添大公園

👤 **建議年齡：** 12歲以下
🕐 **開放時間：** 09：00〜21：00
🎋 **公園設施：** 長型滾輪溜滑梯、超寬廣溜滑梯、
　　幼兒遊具、攀爬網、沙坑、廁所、販賣機
🏠 **地址：** 沖繩縣浦添市伊祖115-1番地
📖 **MAP CODE：** 33 312 045
📞 **電話：** 098-873-0700
🅿 **停車場：** 有

除了刺激的溜滑梯，這裡也有適合幼兒的遊具區。

利用地形的高低差所設計的超寬廣溜滑梯，刺激又好玩！

　　浦添大公園在2016年整修過，所以遊樂設施看起來不會舊舊的，這裡佔地廣大、遊具種類豐富、離市區近，一直是沖繩超夯的溜滑梯公園之一喔！這個公園最夯的就是長達90公尺的滾輪溜滑梯，別忘了帶孩子來挑戰一下！

1.這個滾輪溜滑梯，就是讓這裡變身人氣NO.1公園的主要原因。

2.超長的滾輪溜滑梯，溜下去肯定非常刺激！

這個平緩的滾輪溜滑梯，不用爬高高就能玩了，比較不會累～

這裡還設置了一根鋼管，根本可以讓孩子練體操啦！

紅色的攀爬網彎彎曲曲的，就像一條紅色巨龍。

　　若是不敢玩長型滾輪溜滑梯，這裡也有幼童專用的小滾輪溜滑梯，可以滿足各種年齡層的孩子。

　　除了溜滑梯之外，這裡最特別的是用著紅色網子做出的攀爬區，紅色蜿蜒的網子就像一條紅色巨龍，孩子在這裡能盡情爬上爬下，玩得好開心呀！另外，這裡也很聰明地利用地形的高低差，設計了一個色彩繽紛的寬廣溜滑梯，雖然長度不長但溜下來速度還滿快的，也是很刺激喔！

展望台有賣食物，玩累的話可以到這裡買食物吃。

○NOTE

滾輪溜滑梯正確的玩法是蹲著溜而不是坐著溜，若是坐著溜很容易屁股痛喔！

海豚主題的可愛溜滑梯
東崎公園

- 👤 **建議年齡**：12歲以下
- 🕐 **開放時間**：09：00～22：00
- ⛳ **公園設施**：長型滾輪溜滑梯、幼兒遊具、大草坪、攀岩、滑繩索、沙坑、盪鞦韆、廁所、販賣機
- 🏠 **地址**：沖繩縣中頭郡西原町東崎15-1番地
- 📖 **MAP CODE**：33 137 857*77
- 📞 **電話**：098-945-4496
- Ⓟ **停車場**：有

以海豚為主打造型的溜滑梯，旁邊連接許多大大小小各具特色的溜滑梯。

公園內的停車場可是有開放時間限制，要特別注意唷！

　　東崎公園佔地面積大，繽紛可愛的遊具再加上廣闊的大草坪，帶孩子來這裡遊玩十分舒服放鬆。這裡最特別的是以海豚主題設計的長型滾輪溜滑梯，旁邊也連接許多大大小小各具特色的溜滑梯，孩子能盡情在這裡充分遊樂。

旁邊也設立了幼兒遊戲區，這裡有小小溜滑梯。

親子旅遊最開心的事，莫過於看到孩子的笑容。

整個公園都是以海豚造型為主，真的好可愛呀！

幼兒遊具區有一些機關遊具玩，像是躲貓貓、推方磚等等。

　　主溜滑梯的另一邊，也有高度較矮的溜滑梯、幼兒遊具，年紀較小的孩子可以來這裡，有一些機關遊具可以玩，像是躲貓貓、推方磚等等。除了溜滑梯之外，滑繩索、沙坑等設施也都一應俱全，還可以到大草坪上跑跑跳跳，與孩子度過一個愉快的下午。

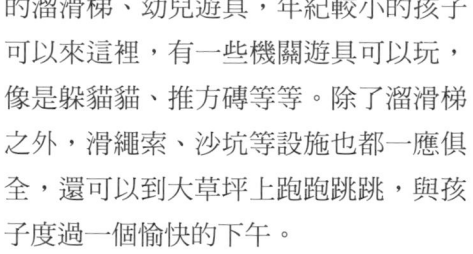

許多孩子喜歡玩的滑繩索，這裡也有喔！

到沙坑公園盡情玩耍吧
比屋良川公園

👤 **建議年齡**：12歲以下
🕐 **開放時間**：無限制
🚩 **公園設施**：長型溜滑梯、幼兒遊具、攀爬網、
　　沙坑、廁所、販賣機
🏠 **地址**：沖繩縣宜野灣市嘉數1丁目1番地
📖 **MAP CODE**：33 314 481*17
📞 **電話**：098-897-2751
🅿 **停車場**：有

比屋良川公園有兩座組合式的遊具，各適合不同年齡層的孩子，一個是結合了旋轉溜滑梯、長溜滑梯等不同造型溜滑梯的大型遊具，並用攀爬網、小山洞等來連接設計的遊樂設施，適合年齡層較大的孩子遊玩。

遊具的下方都是乾淨的沙坑，別忘了帶玩沙工具來喔！

結合了旋轉溜滑梯、長溜滑梯等不同造型溜滑梯的大型遊具，適合年齡層較大的孩子。

1. 各式各樣的溜滑梯，以攀爬網、小山洞等來連接設計。
2. 溜滑梯旁的樓梯，也以攀爬造型的遊具來設計。
3. 這裡的遊具種類都非常具有特色。
4. 一旁還有涼亭可休息。

另一邊的遊具較適合年齡小的幼兒遊玩。

另一旁則是小型的幼兒遊具，溜滑梯也是迷你版，顏色繽紛又可愛，看起來超卡娃伊！這兩座遊具的下方都是乾淨的沙坑，別忘了帶玩沙工具來，孩子除了能玩溜滑梯也能玩挖沙喔！

公園內有兩座組合式的遊具，各適合不同年齡層的孩子。

各式各樣的溜滑梯遊具，非常好玩！

103

長滾輪溜滑梯、螺旋溜滑梯、波浪形溜滑梯，這裡的溜滑梯刺激又好玩！

長型的滾輪溜滑梯，敢來挑戰嗎？

溜滑梯種類多樣的城堡樂園
上原高台公園

👤 **建議年齡**：12歲以下
🕐 **開放時間**：無限制
🎏 **公園設施**：長滾輪溜滑梯、螺旋溜滑梯、波浪形溜滑梯、大平面溜滑梯、盪鞦韆、攀爬網、沙坑、搖搖椅、廁所、販賣機
🏠 **地址**：沖繩縣中頭郡西原町字上原245-40番地
📙 **MAP CODE**：33 256 442*82
📞 **電話**：098-945-4496
Ⓟ **停車場**：有

上原高台公園建造於山坡高台上，順著地型設計出許多不同種類、各式各樣的造型溜滑梯。

上原高台公園建造於山坡高台上，看起來就像一座小山，順著地型設計出許多不同種類、各式各樣的造型溜滑梯，非常刺激好玩。這裡的溜滑梯種類，分為長型滾輪溜滑梯、螺旋溜滑梯、波浪形溜滑梯、大平面溜滑梯，有寬的也有窄的，有些還看起來超級陡，喜歡冒險刺激的孩子一定會喜歡這裡！

上原高台公園建造於山坡高台上，順著地型設計出許多不同種類、各式各樣的造型溜滑梯。

若孩子不敢玩刺激溜滑梯，這裡也有盪鞦韆供孩子玩樂。

從溜滑梯的高點溜下去，還能一邊欣賞附近美景。

一旁還有廣大的草原，可以帶孩子來這裡跑跑跳跳。

溜滑梯頂端是用城堡設計的屋頂，由下往上看就像一座溜滑梯城堡樂園，想體驗各種溜滑梯的話，來這裡就能一次滿足。除了溜滑梯之外，這裡也有沙坑、吊橋、攀爬網……等等，快點帶孩子來體驗這些刺激又好玩的遊具吧！

大平面溜滑梯又陡又垂直的設計，溜下來真的需要點勇氣呀！

人氣超夯的巨龍神獸溜滑梯
奧武山公園

這個公園是少數搭乘電車，就可以抵達的長溜滑梯公園。

奧武山公園是以龍形神獸來設計的，非常具有特色。

- 👤 **建議年齡**：12歲以下
- 🕐 **開放時間**：無限制
- ⛎ **公園設施**：超長溜滑梯、旋轉溜滑梯、攀爬網、繩索吊橋、沙坑、幼兒遊具、廁所
- 🏠 **地址**：沖繩縣那霸市奧武山町52番地
- 📖 **MAP CODE**：33 096 693
- 📞 **電話**：098-858-2700
- 🅿 **停車場**：有

　　奧武山公園是少數搭乘電車就可以抵達的長溜滑梯公園，因為佔地廣大、遊具種類多，一直是沖繩人氣超夯的溜滑梯公園之一。公園遊具旁的另一邊是個非常大的綜合運動場，像是泳池、網球場、棒球場……等等應有盡有，而此次我們親子行的重點，光是主攻公園的各種遊具，就夠孩子玩好久啦！

這裡的遊具是以龍形神獸來設計，長形蜿蜒的溜滑梯蓋在半山腰，利用地形的高低差，視覺上看起來就像隻巨龍的身體。龍頭的部分是好玩的攀爬設施，而龍尾的部分則是超長溜滑梯，真的很佩服日本人的巧思，能把公園設計的這麼有趣又好玩！

每次在溜這種長型溜滑梯的時候，溜完要再走樓梯上去才能再溜下來，越長的溜滑梯就要爬越多的階梯，光是這樣就能讓孩子放電放的很徹底呢XD！巨龍溜滑梯的另一邊，則是以琉球獅為主題設計的遊具，這裡有旋轉溜滑梯、網狀吊橋、攀爬網，光是待在這裡就能玩一整個下午了，不愧是人氣超夯的溜滑梯公園！

> **NOTE**
> 大型溜滑梯是提供6～12歲的兒童使用，大人不行使用，必須特別注意喔！

巨龍溜滑梯的另一邊，是以琉球獅為主題設計的遊具。

琉球獅旁也有攀爬網，可以讓孩子在這裡盡情攀爬。

從側面來看，整個遊具是巨龍的身體，真的非常有創意！

龍尾的部分是超長溜滑梯，刺激又好玩。

107

體驗超刺激的長型滾輪溜滑梯
海軍壕公園

- 👤 **建議年齡**：12歲以下
- 🕐 **開放時間**：08：00～19：00
- ⛲ **公園設施**：長型滾輪溜滑梯、幼兒遊具、盪鞦韆、廁所、販賣機
- 🏠 **地址**：沖繩縣豐見城236番地
- 🗺 **MAP CODE**：330 367 90*06
- 📞 **電話**：098-850-4055
- Ⓟ **停車場**：有

○ NOTE

公園附近就是海軍司令部遺址，簡單地說就是位於公墓附近，若對此有忌諱的家長請自行斟酌是否前往。

　　這個公園最有名的就是「超長滾輪溜滑梯」，而且還分成「直線型」、「曲線型」兩種不同類型，藍色曲線型溜滑梯的長度較長，不過溜下去的速度較慢；黃色直線型溜滑梯則是長度較短，所以溜下去速度較快，可以都挑戰看看喔！

　　溜滑梯位於快速道路旁的半山腰上，因為高度夠高所以視野非常好，邊溜滑梯還能欣賞美麗的風景，而公園內的最高處還設有瞭望台，因此這裡也是許多情侶欣賞夜景的熱門景點。除了大型滾輪溜滑梯外，這裡也有吊床型的大型盪鞦韆、適合幼兒的遊樂設施等，可以讓孩子玩得超開心！

1.這裡最吸引人的就是超長滾輪溜滑梯，還分成黃色直線型、藍色曲線型兩種不同類型。
2.溜滑梯位於半山腰上，邊玩還能邊欣賞風景。　3.溜完後還要再走長長的樓梯，才能到起點再溜一次。
4.這裡也有適合幼兒玩的遊具。　5.一旁也有設置可愛的搖搖馬、盪鞦韆。

適合幼兒的沙坑彩虹樂園
豐崎公園

1.這裡的溜滑梯有兩座，一個是水管型溜滑梯，但我來探訪時是冬季，不巧正在維修。　2.一旁的火車頭遊具，限定6歲以下孩童使用喔！　3.沖繩很常在冬天對公園遊具做整修，像是這長型溜滑梯就正在維修不能使用。　4.寬闊的大草原，很適合帶孩子來跑跑跳跳。　5.整體來說這裡的遊具較不那麼刺激，都是些較緩和適合幼兒的器材。

👤 **建議年齡**：12歲以下
🕐 **開放時間**：無限制
🚼 **公園設施**：長型溜滑梯、幼兒遊具、沙坑、廁所
🏠 **地址**：沖繩縣豐見城市字豐崎1-203番地
📖 **MAP CODE**：232 544 009*63
📞 **電話**：098-856-2355
🅿 **停車場**：有

　　豐崎公園因為離那霸機場很近，因此邊玩溜滑梯還能一邊欣賞飛機起降喔！公園佔地算寬廣，而且也有長型的溜滑梯、幼兒遊具等等，這裡還有個大沙坑，別忘了帶玩沙工具過來喔！

　　這裡的遊具比較沒有這麼刺激，都是些較平緩適合幼兒的器材，另外還有可愛的火車造型遊具（適合6歲以下），相信可以讓孩子玩得很開心。

溜滑梯還能欣賞湖畔美景
西崎親水公園

- 👤 **建議年齡**：12歲以下
- 🕐 **開放時間**：無限制
- 🚻 **公園設施**：長滾輪溜滑梯、沙坑、幼兒遊具、攀爬網、廁所、販賣機
- 🏠 **地址**：沖繩縣糸滿市字西崎3-1番地
- 🗺 **MAP CODE**：232 484 683*88
- 📞 **電話**：098-992-7961
- 🅿 **停車場**：有

西崎親水公園是人氣很夯的公園之一喔！

看看公園的全景面貌，這溜滑梯的長度是不是非常驚人！

猜猜看這艘船是什麼？竟然是廁所喔！

　　提到沖繩最南端的溜滑梯公園，絕對少不了擁有超長滾輪溜滑梯的西崎親水公園，這個公園佔地廣大，大概跟奧武山公園有得比，且分為體育公園、親水公園兩區，這裡附的MAP CODE才是有超長溜滑梯的西崎親水公園唷！

　　我覺得這裡的溜滑梯非常特別，順著超長滾輪溜滑梯溜到底後，會抵達湖邊的另一側，要走回起點繼續溜的話，就要踩著湖中間的石頭上去，這裡也要請孩子特別注意小心行走。除了超長溜滑梯外，公園裡也有幼兒適合玩耍的小溜滑梯、攀爬網等遊具，還有座椅休息區，孩子年齡比較大的話，爸媽們就可以坐在椅子上休息觀看孩子們玩樂。

不虧叫「親水公園」，公園四周都是湖水圍繞。

除了超長滾輪溜滑梯之外，這裡也有攀爬遊具等設施。

當然也少不了適合幼兒玩的小溜滑梯遊具。

由上往下看的景緻，幼兒遊具的旁邊，也有沙坑可供孩子玩樂。

　　另外，這裡的廁所也很特別，是船造型的設計，可愛又具特色呢！整體來說，這裡的遊具種類豐富又好玩，而且又能欣賞湖畔美景，如果行程安排要在南部比較多天的話，別錯過這個超長溜滑梯公園喔！

這裡的溜滑梯非常特別，順著超長滾輪溜滑梯溜到底後，會抵達湖邊的另一側喔！

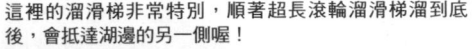

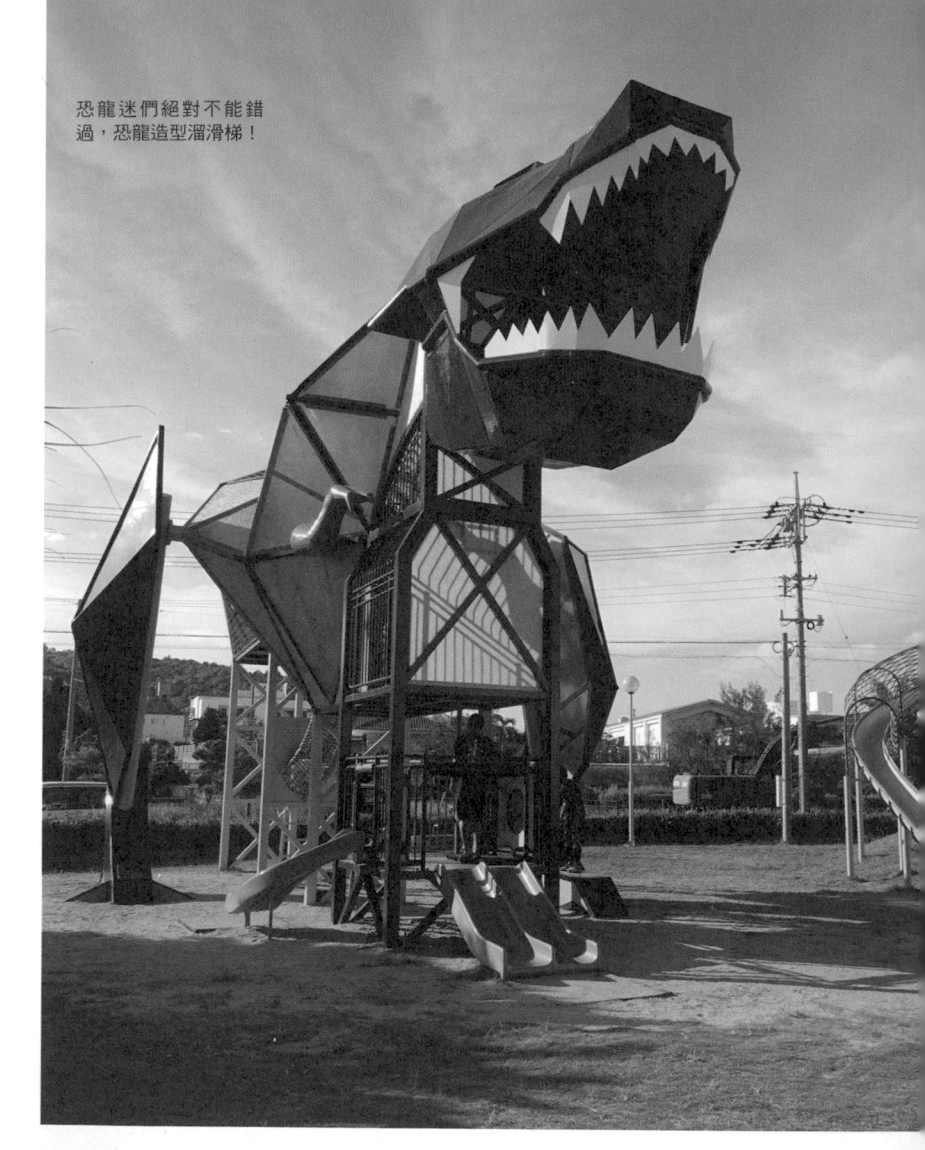

恐龍迷們絕對不能錯過，恐龍造型溜滑梯！

東濱きょうりゅう公園（恐龍公園）

男孩們都會愛上的恐龍溜滑梯

👤 **建議年齡**：12歲以下
🕐 **開放時間**：無限制
🛝 **公園設施**：恐龍溜滑梯、長型溜滑梯、沙坑、攀爬網、盪鞦韆、廁所
🏠 **地址**：沖繩縣與那原町東濱15-5番地
📖 **MAP CODE**：33 136 501*30
📞 **電話**：098-945-2201
🅿 **停車場**：有

光是這兩個遊樂器材，就夠孩子玩一段時間了吧！

東濱きょうりゅう公園是社區型的公園，雖然佔地不算寬廣，但因為有隻巨大的恐龍造型溜滑梯，若家裡的孩子喜歡恐龍，非常推薦來這裡遊玩喔！這裡最特別的就是恐龍造型溜滑梯，孩子們還可以在恐龍身體裡爬來爬去，超有趣的！

除此之外，恐龍腳下就是一整片的沙坑，別忘了帶玩沙工具組來玩呀！恐龍溜滑梯旁的山丘上，還有座長型溜滑梯，溜下來也是挺刺激的呢！雖然這裡佔地不大，但是有恐龍溜滑梯、長型溜滑梯、盪鞦韆、沙坑也都應有盡有，孩子來這裡絕對能玩得很開心！

○NOTE

東濱恐龍公園離宮城公園、本部公園、風獅爺公園很近，建議可以都去，讓孩子玩個過癮。

除了恐龍溜滑梯，這裡還有刺激的長型溜滑梯喔！

一旁也有盪鞦韆可供遊玩。

除了溜滑梯之外，旁邊也有一些幼兒使用的遊具。

探訪沖繩吉祥物公園
東濱シーサー公園
（風獅爺公園）

這裡也有孩子們喜歡的攀爬網遊具。

以吉祥物造型設計的風獅爺公園。

👤 **建議年齡**：6歲以下
🕐 **開放時間**：無限制
🍴 **公園設施**：風獅爺溜滑梯、沙坑、幼兒遊具、攀爬網、盪鞦韆、廁所
🏠 **地址**：沖繩縣與那原町東濱62-8番地
📖 **MAP CODE**：33 136 189*31
📞 **電話**：098-945-2201
🅿 **停車場**：無

　　沖繩這麼多公園裡，除了「長溜滑梯」公園外，還有許多「特色公園」，這些公園會以各種動物為主造型來設計，充份發揮了日本人的巧思。如果家裡的孩子年齡較小的話，安排一些特色公園的行程，會比安排長滾輪溜滑梯公園更適合。

一旁也有適合幼兒玩的遊具。

幼兒遊具的小溜滑梯，迷你版的好可愛喔！

除了長型溜滑梯，風獅爺溜滑梯也連接了這種寬型溜滑梯。

吊床盪鞦韆，可是公園裡很熱門的遊具喔！

除了吊床盪鞦韆外，這裡還有適合幼小孩子玩的盪鞦韆。

　　東濱シーサー公園就是特色公園之一，這裡佔地不大，比較像是社區型的公園，溜滑梯是以風獅爺造型設計，因此又稱為「風獅爺公園」。風獅爺溜滑梯連接了長型、寬型，共兩座不同的溜滑梯，可以透過樓梯或攀爬網爬上去，這兩座溜滑梯溜下來相當刺激喔！除了風獅爺溜滑梯外，一旁也有幼兒遊具、吊床盪鞦韆，雖然佔地不大，但孩子一樣能玩得很開心。

NOTE

因為這裡佔地不大，所以沒有專屬的停車場，只能路邊停車喔！

整個公園的色彩繽紛又可愛，
是不是看起來超卡娃伊？

超卡娃伊的絲瓜主題溜滑梯
宮城公園（絲瓜公園）

👤 **建議年齡**：6歲以下

🕐 **開放時間**：無限制

⚓ **公園設施**：絲瓜溜滑梯、火車溜滑梯、沙坑、幼兒遊
　　具、繩索、吊橋、盪鞦韆、廁所

🏠 **地址**：沖繩縣島尻郡南風原町字宮城242-3番地

📖 **MAP CODE**：33 134 120

📞 **電話**：098-889-4412

🅿 **停車場**：有

公園裡有許多攀爬遊具。

一旁還有體健遊具區，大人也可以在這做做運動。

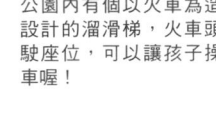

公園內有個以火車為造型所設計的溜滑梯，火車頭有駕駛座位，可以讓孩子操作火車喔！

家有3～6歲孩子的話，帶他們來這個公園絕對能玩得很開心。

　　宮城公園是個很有特色的公園，以南風原町的特產「絲瓜」為主造型所設計的溜滑梯，兩條大絲瓜中間又以吊橋、攀爬遊具來連接，旁邊也延伸了大大小小的溜滑梯，色彩繽紛又可愛。

　　這裡的適齡是3～6歲孩童，因此遊具設計上都是以色彩繽紛、不會太刺激的為主，旁邊還有一個以火車為造型所設計的溜滑梯，火車頭還有駕駛座位，可以讓孩子操作火車喔！這整座公園真的超卡娃伊，家有小小孩的父母們，別忘了帶孩子來這個可愛的公園玩喔！

○NOTE

這裡離東濱きょうりゅう公園（恐龍公園）很近，大約10分鐘內的車程，可以安排到這兩個公園遊玩。

野菜主題打造的親子公園
本部公園（野菜公園）

- 👤 **建議年齡**：12歲以下
- 🕐 **開放時間**：無限制
- 🛝 **公園設施**：造型溜滑梯、超抖溜滑梯、長溜滑梯、幼兒遊具、攀岩、沙坑、盪鞦韆、廁所
- 🏠 **地址**：沖繩縣島尻郡南風原町本部352番地
- 🏞 **MAP CODE**：33 072 271*81
- 📞 **電話**：098-889-4415
- Ⓟ **停車場**：有

　　本部公園就像顆大野菜非常可愛，最特別的是整座公園的遊具都在沙坑裡，孩子們不想玩滑梯的時候，還可以帶組玩沙工具在公園玩挖沙呢！除了旋轉溜滑梯等遊具外，一旁還有攀爬、跑跳、爬繩類的遊具，甚至還有超抖的石頭溜滑梯。雖然這裡的溜滑梯沒有非常長，但因為遊具種類豐富，對孩子來說一樣能玩得開開心心！

　　本部公園是很具代表性的公園，我認為是大家帶孩子來沖繩必溜的口袋名單，除了非常具特色的溜滑梯外，沙坑、可愛的野菜造型相信都能吸引孩子的目光，因此來這裡玩的人也很多，非常熱鬧喔！

1.本部公園的長溜滑梯沒有非常長，不過還是能讓孩子玩得很開心。
2.整座公園遊具都在沙坑裡，別忘了帶玩沙工具玩挖沙喔！
3.這裡還有超抖的石頭滑梯，要來挑戰看看嗎？
4.除了旋轉溜滑梯等遊具外，這裡還有一些攀爬、跑跳以及爬繩類的遊具。

彷彿來到森林小屋裡大冒險
山巔毛公園

山巔毛公園是比較少人知道的隱藏私房景點，因為位在系滿港旁邊，所以有著絕佳的美景。公園旁邊有一座很特別的太陽能發電藍色高塔，而高塔旁還有一座涼亭以及瞭望台，從瞭望台的高處頂端就可以俯瞰整個沖繩南部的風光美景。

公園內有許多大型遊樂設施、攀爬網，可以培養孩子們的手腳協調與細緻動作，其他遊樂設施也很齊全，不但有石頭溜滑梯、大型跳網、攀爬網，還有各種不同的旋轉溜滑梯，而石頭溜滑梯是大人也可以玩的遊具，玩起來很刺激喔！雖然山巔毛公園沒有高知名度，但是豐富的遊具也不輸其他大型公園，若是有到附近遊玩，不妨安排來這個公園野餐順便玩溜滑梯吧！

👤 **建議年齡**：6歲以下
🕐 **開放時間**：無限制
🌲 **公園設施**：造型溜滑梯、旋轉溜滑梯、盪鞦韆、攀爬網、滑繩索、石頭溜滑梯、廁所、販賣機
🏠 **地址**：沖繩縣系滿市系滿538番地
📖 **MAP CODE**：232 455 140*21
Ⓟ **停車場**：有

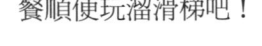

1. 木製遊具區結合了吊橋、溜滑梯、攀爬網等各種不同的遊具。
2. 攀爬網是許多孩子熱愛的遊具之一喔！
3. 石頭溜滑梯是大人也可以玩的遊具喔！
4. 公園內的遊具是以木頭為主體，就像在森林小木屋裡大冒險。
5. 藍色高塔旁可以觀賞整個沖繩南部的風光美景。

讓孩子盡情玩樂的超大型公園
平和祈念

這個大圓球設計是平和祈念的主溜滑梯，整體結構大又複雜，每一關都有小巧思，適齡在12歲以下。

這裡有各種造型的小小搖搖馬們，數量多所以不擔心孩子會搶成一團。

公園裡大部份的標誌都是寫適齡3～6歲，只有大圓球標示12歲以下。

👤 **建議年齡**：12歲以下

🕐 **開放時間**：08：00～22：00

🛝 **公園設施**：溜滑梯、吊床、盪鞦韆、造型溜滑梯、傳聲筒、涼亭、廁所、攀岩區

🏠 **地址**：沖繩線糸滿市字摩文仁444番地

📖 **MAP CODE**：232 341 416*37

📞 **電話**：098-997-2765

🅿 **停車場**：有

@ **官方網站**：http://www.heiwa-irei-okinawa.jp/

沖繩的溜滑梯公園控，絕對不能錯過2017年新開放的平和祈念公園！這個公園位於糸滿市，屬於和平紀念公園，主要是紀念沖繩的戰亡者，同時也是許多觀光客或日本人會來拜訪的聖地。

平和祈念公園佔地非常大，整體面積約3127公頃，主要分為四個區域：禱告區、廣場區、和平區、遊樂區，其中最吸引我們親子行的就是遊樂區了，遊樂區本身佔地大概就是兩個小學操場，遊具不會全擠在一起，看過去真的超舒服！

NOTE

這個公園佔地廣大，但因為是紀念第二次世界大戰的祈念公園，因此設有禱告區，不過離遊戲區有段距離，爸媽不需太過擔心。照著MAP CODE導航就會抵達停車場，而停車場對面就是遊樂區。

廣場裡隨處可見涼亭跟大樹，也有很多日本幼兒園會在中午帶孩子來野餐，用完餐就在遊樂區玩耍，因此在這裡會看到許多孩子玩樂奔跑。這裡的遊具分為一區區的，各遊具有許多小巧思的設計，光是一個區域就可以玩至少20分鐘以上喔！

1.大圓球一旁的彈跳區，感覺都可以帶孩子來這上體操課了XD！
2.小溜滑梯區，年紀較小的孩子可在此遊玩。
3.仿真的攀爬區，層層的機關，爬上去在滑下來都可以，考驗孩子的肌耐力。
4.圓球下方還設有這種攀爬的遊具，可以慢慢的爬上去再溜下來。
5.讓孩子跑跳的區域，也可以在裡頭鑽來鑽去，甚至還有傳聲筒設計呢！

OKINAWA
ATTRACTIONS

PART 3

親子景點特搜！
食玩買全攻略

沖繩親子景點全搜羅！
想要帶孩子到古宇利島玩沙踏浪？
還是悠閒吃下午茶，觀賞絕美海景？
或是到恐龍公園裡大冒險？
美食、購物、必逛景點都在這單元詳細介紹！

沖繩景點篇使用說明

本篇會照北部、中部、南部來規劃出景點、美食、購物等景點,並依圖示來分類,列上景點開放時間、MAP CODE或官網等資訊,讓讀者在查找上更方便!

ICON圖示說明

推薦親子去的景點,大部分需要購門票才能進入。有些景點門票,建議事先至OTS或許田休息站購買,會比較優惠喔!

推薦必吃美食,沖繩有好吃的飯糰、鬆餅、蝦蝦飯,一定要來吃看看!

推薦購物地點,親子旅遊必去西松屋採買,還有沖繩唯一的Outlet也很好逛喔!

每個景點都會標示出位置、分類、相關資訊,方便讀者們來做查找。

沖繩景點位置

古宇利島
夏威夷蝦餐車
古宇利島
美麗海
DINO恐龍公園
今歸仁村
國頭村
大宜味村
東村
屋我地島
水果樂園
本部町
瀨底島
名護動植物園
名護水港產直販所
名護市
沖繩本島北部
海中公園
恩納村
宜野座村
金武町
琉球の牛
迷你動物園
讀谷村
伊計島
宇流麻市
宮城島
はま壽司
海邊食堂
沖繩市
平安座島
嘉手納町
濱比嘉島
泡瀨漁港
沖繩本島中部
北谷町
永旺來客夢
ICE PARK
北中城村
美國村、Seria
漫畫倉庫
西松屋
宜野灣市
我那霸燒肉
浦添市
中城村
西原町
肉久茂地
那霸市
豬肉蛋飯糰
南風原町
與那原町
豐見城市
南城市
安座真海灘
八重瀨町
沖繩本島南部
糸滿市
瀨長島、幸福鬆餅
ASHIBINAA
王國村、玉泉洞、洞穴咖啡

通過古宇利大橋後，就能抵達古宇利島。

來這兒能欣賞到海天一色的絕美景緻。

帶孩子玩沙踏浪欣賞絕美海景
古宇利島

🏠 **地址**：沖繩縣國頭郡今歸仁村古宇利

📞 **電話**：098-056-2256

🗺 **MAP CODE**：485 662 804*11

🅿 **停車場**：有

夏季時，岸邊聚集不少玩水的遊客。

古宇利島附近有許多特色海產小店，喜歡吃海鮮的人別錯過唷！

古宇利島有個傳說，沖繩人認為沖繩人源自於古宇利島，因此這裡也被喻為神祕的「神之島」，必須開車經過好幾個離島才能抵達，但是自2005年蓋了跨海大橋「古宇利大橋」後，現在開車就能很方便到達。這裡有著湛藍大海等絕色美景，潔白的沙灘、未經人為破壞的大自然，海裡還有美麗的珊瑚、熱帶魚等等，能欣賞到海天一色的絕美景緻，像極了人間仙境呢！

夏季的時候可以到這裡玩浮潛，海水非常清澈，能看到魚群、海蔘等等，年紀較小的孩子則可以坐在岸邊玩沙，記得帶玩沙工具組來唷！夏季的時候這裡可是很熱鬧，沙灘前會有一些自費遊樂設施，例如香蕉船、水上摩托車等等，冬季的話這裡就比較冷清，但也能欣賞到不一樣的景色。

古宇利島必吃的人氣美食
夏威夷蝦餐車

蝦餐車可是IG熱門打卡點呢！

太晚來的話，有些餐點可是會賣光喔！

🕐 **營業時間**：11：00～17：00
🏠 **地址**：沖繩縣國頭郡今歸仁村古宇利436-1番地
🏦 **MAP CODE**：485 601 893
📞 **電話**：098-056-1242
Ⓟ **停車場**：有
@ **官方網站**：http://shrimp-wagon.com/tw/

蝦蝦飯主要是以蒜香奶油為基底，搭配蝦子和不同配料來變化。

　　來古宇利島，千萬別錯過蝦蝦餐車Shrimp Wagon，因為是餐車的關係，所以若天氣不好就可能提早打烊或乾脆不營業了，想吃還得碰碰運氣呢！美式風格的蝦蝦餐車，可是IG熱門打卡點，這裡主要賣一些蝦套餐、飲料、單點配菜，店員會說日文、英文，但因為菜單上都有圖片，因此也不用擔心語言不通。

　　食物的部分都是以蒜香奶油為基底，再配上不同配料來變化，也有辣味可以選擇，吃完要記得把垃圾拿到餐車旁丟掉，隨手做環保喔！

準備要來吃蝦蝦飯了，孩子好開心呀！

近距離欣賞神祕海生動物
美麗海水族館

🕐 **開放時間**：8：30～20：00（3月～9月）；
8：00～18：30（10月～2月）、休園日為12
月的第1個星期三及其翌日（星期四）
🏠 **地址**：沖繩縣國頭郡本部町字石川424番地
📔 **MAP CODE**：553 075 797
📞 **電話**：098-048-2741
🅿 **停車場**：有
@ **官方網站**：https://churaumi.okinawa/tc/

黑潮之海的大觀景窗，好多人圍觀欣賞呀！

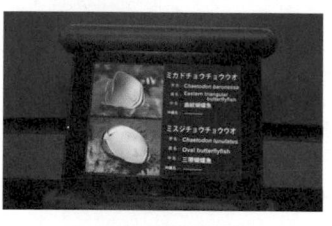

我覺得水族館好貼心，會打上學名、英文名、中文名來介紹魚。

　　美麗海水族館、海洋博公園，這兩個都是沖繩人氣很夯的熱門景點，而美麗海水族館位於海洋博公園裡面。這兩個景點位於沖繩北部，因此建議抵達沖繩、租好車後就可以一路玩上去，或是第一天直接開往沖繩北部再逆行玩回來。

　　海洋博公園是免費進入，但美麗海水族館則必須購票進入，海洋博公園有許多免費參觀的海豚秀、海龜館、海牛館等，千萬別錯過囉！（海洋博公園介紹可翻至P64）。進入水族館內最先看到的就是觸覺摸摸看區，可愛的海星寶寶在這裡等著你們，而沿著路線繼續

孩子目不轉睛地盯著水族箱看呢！

在水族箱外就能近距離觀賞到許多神祕魚群。

一群小魚游來游去，每次來到這裡就覺得心情放鬆好療癒。

大觀景窗內能看到很多體型巨大的魚類喔！

看到魚群游呀游的，真的好療癒呀！

一進入水族館，最先看到的是觸摸池區。

走，可以看到黑潮之海的大觀景窗，在這可以近距離觀賞到許多魚群，例如鯨鯊、魟等，好像伸手就能觸摸到一般，令孩子好興奮呀！

　　我覺得這裡的水族館好貼心，光是一種魚的介紹，就打上了學名、英文名、中文名，明明我們沒有懂得太多魚的種類，但每個水族箱前孩子們都可以佇立許久，就為了看不同種類的魚兒游來游去。整體來說，海生動物對孩子真的是有很大的吸引力，來這裡也看看和台灣水族館有哪些不同之處。

 **NOTE**

整個水族館內有許多精采區域，依序為觸摸池區、黑潮之海、黑潮探險（水上遊覽行程表演活動）、海洋觀賞區、深海之旅區，建議先至官網查詢節目表，以利規劃參觀動線。

★官網節目表：https://churaumi.okinawa/tc/program/aquarium/

寓教於樂的室內主題樂園
水果樂園

水果樂園的入口處，設計的非常可愛。

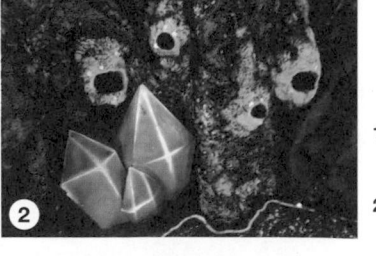

1. 從園區地圖，可以很清楚看到各個果樹、鳥園、蝴蝶、山羊的位置。
2. 結合遊戲任務，帶大家一起進入充滿魔幻的神祕世界。

🕐 開放時間：9：00～18：00
🏠 地址：沖繩縣名護市為又1220-71番地
📖 MAP CODE：206 716 615*65

📞 電話：098-052-1568
🅿 停車場：有
@ 官方網站：http://www.okinawa-fruitsland.com/

3.準備好推開大門，來一場水果知識的大冒險了嗎？
4.有些任務的提示，也有中文說明喔！
5.雖然有些遊戲只有顯示日文、英文，但看漢字應該也能大略猜出內容。
6.園區內結合遊戲主題，讓大家認識果樹相關知識。
7.比較可惜的是植物介紹牌只顯示日文、英文，只能從漢字來猜大概意思了。
8.神祕的寶箱裡，有個機關按鈕呢！

　　水果樂園共分為熱帶水果、蝴蝶、鳥類、山羊區，山羊區可以進行餵食體驗喔！這裡是室內的主題樂園，所以就算天氣不好也能帶孩子來這裡玩樂，而園區裡最特別的就是將水果有關的各種知識，結合解謎遊戲與機關，透過故事串聯整個園區的行進路線，遊客要收集在園區內的各種印章來進行一連串任務，絕對能讓大人和小孩玩得很投入！

　　這裡有很多主題性的遊戲，可是只有顯示日文、英文，但日文有很多漢字，因此不懂日文的也能大概猜得出來任務內容，若順利完成闖關內容，最後還能向櫃檯領取小禮物做獎勵唷！

闖進山原亞熱帶森林大冒險
DINO恐龍公園

🕐 **開放時間**：9：00～18：00（最後入園時間：17：30）
🏠 **地址**：沖繩縣名護市中山1024-1番地
📖 **MAP CODE**：206 775 852*34
📞 **電話**：098-054-8515
🅿️ **停車場**：有
@ **官方網站**：http://www.okashigoten.co.jp/subtropical/

入口處的設計很特別，必須通過恐龍的嘴巴進入。

DINO恐龍公園原本是元祖御菓子御殿名護店「山原亞熱帶之森」，經過一番改裝後在2016年5月開幕，並將名字改為「DINO恐龍PARK 山原亞熱帶之森」，而御菓子御殿名護店就在隔壁，御殿食堂也在對面，所以逛完後還可以來個恐龍迷兒童餐喔！

這裡的票價其實並不貴，4歲以下不用門票，還可以租導覽的互動IPAD，增加探險樂趣！一進入園區，就是一連串的恐龍來迎接著我們，多數的恐龍除了會動外，還搭配一連串的實境聲音，吼吼吼的聲音迴盪在整個森林裡，連尾巴都擺動的栩栩如生，膽子較小的孩子應該會被嚇得倒退三舍吧！

瞧～是恐龍媽媽在生蛋、孵蛋耶！

恐龍搭配著吼吼吼的音效，逼真模樣真的像來到侏羅紀公園。

森林裡隱藏著許多恐龍，小心別被嚇到啦！

這裡總讓我覺得是牠們要打麻將，三缺一嗎XD？

森林裡會看到各種大大小小體型的恐龍，真的是滿足恐龍迷的好奇心了。

　　循著路線走進森林深處，一隻隻躲在叢林裡的恐龍們，逼真的就像是來到了侏羅紀公園，雖然恐龍是假的，但叢林跟雜草、樹木都是真的，所以進入後還是要記得噴一下防蚊液呀！最後走到紀念品區前，會有個小小的恐龍溜滑梯，雖然整體不大但因為是恐龍造型，孩子還是玩得很開心！

○─**NOTE**

因為森林裡面有些階梯步道，所以不適合帶著推車進入，要特別注意喔！另外在OTS或是許田休息站可以買到園區的優惠券，想帶孩子來這裡冒險的爸媽們別忘囉！

逛完園區後，還可以到對面的御殿食堂來份恐龍迷兒童餐！

雖然入口處看起來不顯眼，但裡面的食物很新鮮又好吃！

絕對不能錯過！

便宜又新鮮的美味海鮮
名護水產物直販所

🕐 **開放時間**：11：00～17：00（最後點餐為16：30）

🏠 **地址**：沖繩縣名護市城 3-5-16番地

📖 **MAP CODE**：206 598 873*41

📞 **電話**：098-043-0175

🅿 **停車場**：有

@ **官方網站**：http://nagofood.info/okinawa_soba/nago_gyokou.html

看不懂日文沒關係，看圖片點餐一目瞭然！

　　來到日本玩，很多人應該是想吃到美味又新鮮的海鮮吧？那你絕不能錯過美麗的海島沖繩，這裡販售了許多CP值超高的海鮮料理喔！位於名護市的名護水產物直販所，除了販售便宜又新鮮的美味海鮮，還有好吃的炸物天婦羅、丼飯、沖繩麵、唐揚定食等等，熟食生食都有，能滿足各個飲食喜好的人，因此帶孩子來這裡用餐非常適合！

　　這裡的點菜是用餐券購買的方式，看好圖片到販賣機購買餐點後，拿著餐券到櫃台即可換號碼牌，店家會叫號碼取餐。全店採取全自助，因此餐具、餐點都需要自取（這裡有兒童餐具、兒童椅），用餐完畢也要自己將餐點收到固定的位置喔！

　　這裡的定食除了主餐外，還會附上味噌湯、小菜，食材新鮮又美味，整體來說價位不算太高。這次我幫孩子點了沖繩麵，裡面有大片的肉塊、滿滿的麵條，大約可以2個孩子共食一碗，份量多非常划算！飽餐一頓之後，可以到隔壁去買炸物天婦羅當點心，每個炸物都很好吃，到名護市一定不要錯過喔！

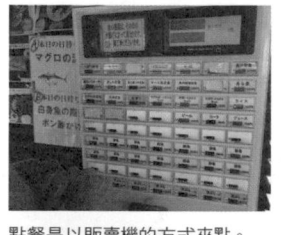

點餐是以販賣機的方式來點。

櫃台另一邊提供飲料自取，還有小孩子的餐具也在這裡。

飽餐一頓後，別忘了到隔壁去買炸物天婦羅。

這裡餐點的CP值真的很高，因為好吃又新鮮！

美味的生魚片，好好吃呀！

這裡熟食、生食都有，可以點沖繩麵給孩子吃。

每一款炸物都很好吃，大力推薦！

近距離接觸動植物 &
搭乘輕軌火車遊園
名護動植物園

🕐 開放時間：9：00～17：30
🏠 地址：沖繩縣名護市字名護4607-41番地
📖 MAP CODE：206 689 725*11
📞 電話：098-052-6348
🅿 停車場：有
@ 官方網站：http://goo.gl/X4ZAGv
　　園區導覽：http://goo.gl/Bbx2t1

販售員跟開遊園車的是同人，所以開車前5～10分鐘才開放售票喔！

嘟嘟嘟～輕軌遊園火車要出發囉！

孩子們搶著拿飼料，想餵食小動物們。

　　名護動植物園裡面有許多可愛的小動物、熱帶植物，這裡推崇自由飼養的養育方式，因此來到這裡，可以和動物們零距離接觸喔！一進入園區就是可愛的鵝、鴨成群來跟你打招呼，除此之外還有烏龜、兔子等可愛小動物唷！

　　園區內可以搭乘輕軌遊園火車，火車繞園區約20分鐘左右，遊園火車跟步行是不同的路線，步行路線大部分都可以跟動物們近距離接觸，因此也可以搭

園區內也有清楚標示動物的位置。

每個動物附近都有解說牌。

一進入園區就有可愛動物來和你打招呼！

動植物園裡面也有介紹一些果樹。

可愛動物區還有小兔子喔！

這裡推崇自由飼養的養育方式，可以近距離觀賞動物。

火車後再選擇步行。遊園車上的解說員都會仔細解說各種動物，雖然聽不懂日文，但孩子坐在火車上一樣很High呢！

　　既然是動植物園，裡面當然也有不少植物，這裡有介紹一些果樹，也有很漂亮的後花園，這些漂亮的花花草草讓人看了心情很好，我家孩子很喜歡來名護動植物園呢！

漂亮的花花草草，讓人看了心情真好！

搭乘玻璃船&登上展望塔
欣賞海底美景
海中公園

🏠 **地址**：沖繩縣名護市字喜瀨1744-1番地
📖 **MAP CODE**：206 442 075*11
📞 **電話**：098-052-3379
🅿 **停車場**：有
@ **官方網站**：http://goo.gl/ZRmkVH

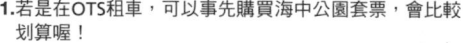

　　海中公園位於名護市的Busena渡假村內，在這裡可以搭乘玻璃船出海看魚群，還能到海中展望塔看海面5公尺下的海底美景，是很推薦的親子遊景點喔！

　　抵達Busena渡假村後，出示海中公園的門票給警衛，即可進入免費停車。停好車往海邊方向走就會看到入口，接著便要搭乘免費的接駁車去「玻璃船遊艇」跟「海中展望塔」了，其實車程大約5分鐘不到，第一站是玻璃船遊艇、第二站是海中展望塔，如果沒搭到接駁車，用走路也能抵達。

1.若是在OTS租車，可以事先購買海中公園套票，會比較划算喔！
2.在海中公園可以看到許多種類的魚群。
3.日本人真的很有商業頭腦，來這兒也能花錢購買魚飼料餵食魚群。
4.接駁巴士會在指定的時間前來，若錯過巴士也可以步行前往目的地。

這就是位於Busena渡假村內的頂級飯店Busena Terrace Beach Resort。

🔴 **NOTE**

玻璃船有時候會因天候因素而停駛，而在OTS買的Busena票券沒有限定日期，因此要去前可以事先到官網查詢船有沒有停駛再決定要不要出發。

🕐 **接駁車搭乘時間**

● **去程**：每小時00、20、40分

● **回程**：每小時05、25、45分

● 玻璃船遊艇

玻璃船每次航行的時間大約15～20分鐘，但很常因天候因素停駛，因此要去玩時可以先到官網查詢行駛狀況。上船後導覽員就會開始以日文講解，遊客會坐在船的兩邊，中間像是個水族箱一樣，原來這個水族箱是玻璃做的透明底，往下看就可以看到海底生態，超特別的呢！

搭乘鯨魚造型的玻璃船準備出海囉！

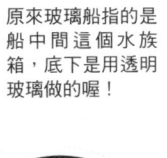

原來玻璃船指的是船中間這個水族箱，底下是用透明玻璃做的喔！

透過玻璃底部，可以觀賞到美麗的海底生態，好多魚在游來游去喔！

美麗的海面，讓人心曠神怡。

🕐 玻璃船時刻表

● 4～10月：每小時10、30、50分各一班船，12點為10、50各一班，首班9：10、末班17：30。

● 11～3月：每小時10、30、50分各一班船，12點及16點為10、50各一班，首班9：10、末班17：00。

● 海中展望塔

從玻璃船下船後，可以搭接駁車或步行前往展望塔，把門票交給工作人員後，就要走長長的樓梯到海底了。大約走到海底5公尺後，就會看到許多小窗戶，窗戶外是大海，魚群好像近距離在你面前游來游去，真的是新奇又好玩，孩子們一定會喜歡這裡喔！

往下走長長的樓梯來到約海底5公尺的位置，從窗戶往外看可以看到美麗的海底景緻。

🕐 展望塔時刻表

● 4月～10月：9：00～18：00，最終入場時間17：30。

● 11月～3月：9：00～17：30，最終入場時間17：00。

享受美味的燒肉和牛料理
琉球の牛

🕐 **開放時間**：11：00～16：30（點餐
至15：30）、17：00～23：30（點
餐至23：00）

🏠 **地址**：沖繩縣國頭郡恩納村前兼久
909-2番地（恩納店）

📖 **MAP CODE**：206 096 716

📞 **電話**：098-965-2233

Ⓟ **停車場**：有

@ **官方網站**：http://goo.gl/PNUuQW

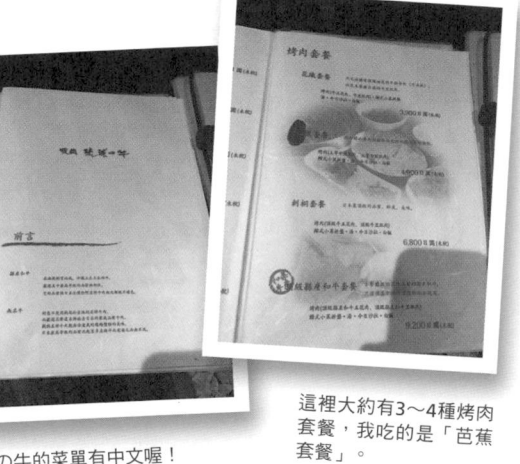

這裡大約有3～4種烤肉
套餐，我吃的是「芭蕉
套餐」。

琉球の牛的菜單有中文喔！

　　我跟莊先生都是愛吃燒肉一族，琉球の牛是我們臨時決定去吃的店，踏進去才發現這間店生意非常好，現場候位至少要等30分鐘以上，建議想來這邊的話要事先訂位喔！

牛五花跟里肌肉的厚度剛好，吃起來真的很美味！

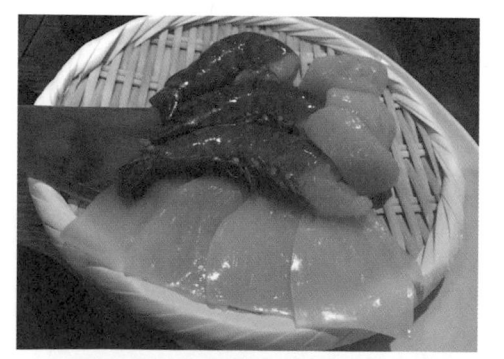

海鮮拼盤有著新鮮厚實的干貝、大小適中的花枝、貼心去頭的鮮蝦，每一道都好吃極啦！

牛舌是我們家的最愛，看看這厚度跟大小真的很大器耶！

牛舌吃起來帶著微Q的口感，而且鮮度很讓人滿意！

這裡的座位是和室位，必須脫鞋進入，有很道地的日本風味。

這裡還可以用平板點餐，有中文並且搭配圖片喔！

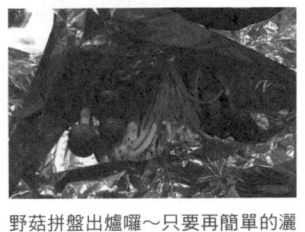

野菇拼盤出爐囉～只要再簡單的灑上胡椒調味，就能讓菇類美味滿分！

餐前送上的小菜，每一道都很好吃耶！

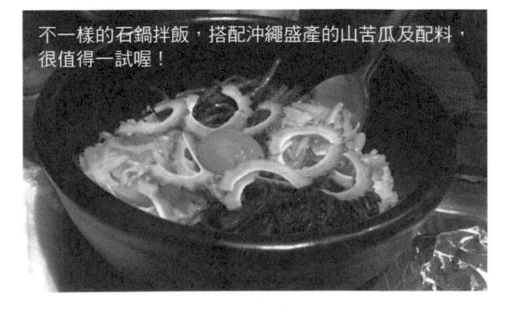

不一樣的石鍋拌飯，搭配沖繩盛產的山苦瓜及配料，很值得一試喔！

　　琉球の牛可以透過紙本菜單點餐，還能透過平板點餐，除了有中文還附上圖片，不會日文的人也不用怕點錯喔！這裡的座位是和室位，必須在門口脫鞋後放入各自小櫃中再入座，有很道地的日本風味，也和在台灣吃燒肉的感受很不一樣。

　　這裡大約有3～4種烤肉套餐，我們當時選的是「芭蕉套餐」，牛五花跟里肌肉相當好吃，其他不能錯過的我覺得還有上等牛舌、野菇拼盤、海鮮拼盤，

吃起來真的很美味喔！整體來說，我覺得琉球の牛菜色豐富、菜單簡單易懂，而且帶孩子來也能吃到拌飯和蔬菜，很推薦大家可以來吃這個美味的燒肉和牛美食！

○ NOTE

恩納店午餐可訂位，晚餐則不能訂位。

迷你動物園可以免費入場參觀，裡面有許多可愛小動物喔！

免費入場！

帶孩子近距離親近
可愛小動物
迷你動物園

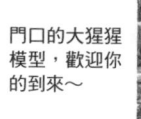

門口的大猩猩模型，歡迎你的到來～

跟著指標走，來參觀這些可愛的動物吧！

哇～招牌底下還有個三角龍模型呢！

🕐 開放時間：8：30～19：00
🏠 地址：沖繩縣宇流麻市赤道660番地
📖 MAP CODE：33 683 659*56
📞 電話：098-973-4323
🅿 停車場：有

園區內也有個綠意盎然的用餐區供遊客用餐。

1.逛完動物園，別忘了來隔壁的雞蛋屋採購一番。
2.雞蛋屋裡，也販售了許多生雞蛋。
3.雞蛋屋主要販售一些麵包、泡芙、小點心。
4.這裡的招牌是奶油泡芙，趕快買給孩子當點心吧！

　　來到迷你動物園後，大門口有許多動物模型歡迎你，大猩猩、恐龍、斑馬等等，孩子們都搶著要在這裡拍照呢！進去後會先到鳥類區，有鸚鵡、貓頭鷹，而往裡面走是小動物區，主要飼養一些草食性動物，例如迷你馬、驢子。雖然是迷你的動物園，但動物種類還是挺豐富的，例如有小兔子、烏龜、猴子，逛完後再去雞蛋屋買些甜點當點心，孩子一定會很開心！

　　ミニミニ動物園（迷你動物園）是免費入場的，園區裡除了有些鳥類、小動物可愛參觀外，還有個たまご屋（雞蛋屋），販售許多美味的甜點，在這裡試吃並購買一些伴手禮，最著名的就是奶油泡芙，採用新鮮雞蛋手工製作，是店裡的招牌甜點，來這裡參觀絕對不能錯過喔！

進去後首先會看到各式各樣的鳥類。

5.這裡也有可愛的小兔子喔！
6.迷你動物園裡，可以讓孩子近距離觀察動物。
7.這裡的動物還挺多的，也有烏龜呢！
8.每種小動物，都住在自己獨立的空間。

143

不能錯過的美味海鮮料理
泡瀨漁港

漁港的營業時間，若要前往食堂則是11：00營業喔！

🕐 開放時間：10：30～18：00（4～9月）、10：30～17：30（10～3月）、食堂11：00營業

🏠 地址：沖繩縣沖繩市泡瀨1-11-34番地

🏢 MAP CODE：33 565 310

📞 電話：098-938-5811

🅿 停車場：有

　　沖繩是個海島城市，來這裡絕對不能錯過吃海鮮，所以一定要來漁港逛逛！泡瀨漁港裡面除了有食堂還有販售許多新鮮海產、海葡萄等沖繩特產，當然握壽司、沙拉、生魚片拼盤也應有盡有，喜歡吃海鮮的人絕不能錯過。

　　漁港的前半段是生鮮商場，後半段則是泡瀨食堂（有座位區），櫃檯前方

這裡位於漁港旁邊，因此可想而知海鮮料理一定非常新鮮！

這裡有許多生魚片及各種海鮮料理，看圖點菜很方便的XD！

因為來這裡的台灣人很多，所以當然也少不了中文菜單。

跟著箭頭到左邊排隊點餐後，就可以找位置坐下享受美食了。

這裡有生食也有熟食，可以買來嚐鮮看看。

因為靠近漁港，所以漁獲也非常新鮮。

的點菜單有圖片及編號，遊客們點餐很方便，當然也有中文菜單唷！這裡的餐點價位我覺得不算便宜，但在平日下午3～5點前來，有時會做特價活動，就能讓你省了荷包又能吃得很滿足喔！這裡甚至還有龍蝦套餐，愛吃海鮮的你可以來嚐嚐看！

如果是在台灣就好啦，可以買回家料理一番XD。

🕐 **食堂營業時間**

● 11：00～18：00（4～9月）

● 11：00～17：30（10～3月）

這裡也有不少名產可購買。

親子親善的大型購物商場
永旺來客夢

永旺夢樂城沖繩來客夢，是我很推薦的親子Shopping Mall。

🕐 開放時間：10：00～24：00
🏠 地址：沖繩縣中頭郡北中城村泡瀨土地區劃整理事業地 4街區
📖 MAP CODE：33 530 406
📞 電話：098-930-0425
Ⓟ 停車場：有
@ 官方網站：http://goo.gl/bB2ovL
　　樓層品牌介紹：http://goo.gl/XfViy3

手推車除了車子造型，還有這種座椅造型。

AEON Mall可說是沖繩必逛的百貨公司，總計有北谷店、那霸店，以及位於中頭郡北中城村的「永旺夢樂城沖繩來客夢」（以下簡稱來客夢）。來客夢裡面總共有超過200間商店，真的是非常大、非常好逛，我覺得比Outlet更好逛，因為品牌更齊全，但畢竟是個Shopping Mall而不是Outlet，類型仍屬於百貨公司，因此有些價格不會比Outlet實惠。

AEON Mall是非常親子親善的，就算你沒有帶推車也能租借，手推車的造型也很多樣，能選擇座椅式、小車式

水族箱結合了聖誕節的佈景，非常有特色。

來客夢裡有5層樓，每層樓平均約有30～40個品牌。

KOJIMA X BIC CAMER藥妝店位於B1，建議事先準備好折價券來血拼。

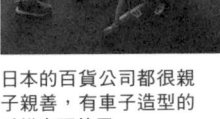

的，真的很貼心！Mall的1樓有個很大的落地水族箱，若是12月份來還能看到濃濃聖誕味的佈景。這裡的品牌非常多，GAP、H&M、ZARA、玩具反斗城、Mother Garden通通都有，想買的東西可以在這裡一次購足。藥妝店位於B1、3樓則是大家喜愛的BIC CAMERA，別忘了準備好折價券喔！

這裡有5層樓，每層樓平均約有30～40個品牌，而4、5樓則是以影音、美食居多，在這邊根本能逛上一整天的時間了吧！如果時間充足，建議慢慢逛，可以挖到不少寶物，像是還有宮崎駿系列專櫃，龍貓商品可愛又好買！若是時間有限，建議事先做好樓層攻略，挑重點商家來逛，能更有效的運用時間。

日本的百貨公司都很親子親善，有車子造型的手推車可使用。

商店前面會有牌子顯示可否退稅。

○ NOTE

● 建議先到遊客服務中心，憑護照索取Coupon小手冊。

● FB可搜尋「BIC CAMERA_繁體中文」粉絲團，裡面不時釋出許多折價券，使用前建議先詢問櫃檯可否使用。

● 大部分商店會在門口告知是否有TAX FREE跟折扣，這裡的退稅分為兩種，有些是現場直接免稅、有些則是需要拿著單據到專屬退稅櫃台處理，並不是所有店家都有免稅，必須特別注意。

來逛沖繩中部
熱門的大型商場
美國村

美國村是個很具特色的美式風格Shopping Mall。

美國村周邊也有沖繩必逛的百貨公司AEON。

這裡最大地標是美麗的大摩天輪。

這裡的每間店，都很有特色。

🏠 **地址**：沖繩縣中頭郡北谷町字
美濱15-69番地

📖 **MAP CODE**：33 526 450*63

🅿 **停車場**：有

📧 **官方網站**：http://goo.gl/9hAvzr

美國村是沖繩中部的觀光區，以美國西海岸街道為範本所打造，因此整區域內都很有特色，是個很適合拍照的地方。這裡最大地標是美麗的大摩天輪，乘座上去可以從高空眺望美麗的景色，看夕陽或是看夜景都很推薦。

整個美國村區域非常大，是個很具特色的美式風格Shopping Mall，裡面的商店也非常多，除了藥妝店之外，結合了許多購物、美食店家，甚至周邊還有日落海灘、購物中心AEON、飯店等等，是中部很熱門的景點，來這裡建議先鎖定好想攻略的目標，才能節省時間。

北歐風百元生活小物雜貨店
Seria龍宮店 來挖寶吧！

🕐 **開放時間**：10：00～22：00
🏠 **地址**：沖繩縣中頭郡北谷町字 美濱15-68番地（龍宮店）
📖 **MAP CODE**：33 526 450*63
📞 **電話**：098-936-1420
🅿 **停車場**：有
@ **官方網站**：http://www.seria-group.com/

到日本玩，大家應該都會來百元商店挖寶吧？日本的百元商店真的不少，不管是CAN DO或大創都超好逛，尤其日本大創的商品種類可是比台灣大創多了好幾倍呢！美國村裡也有一間超好逛的百元商店，位於大國藥妝隔壁的Dragon Palace，裡面有間「Seria」，商品均一價108¥，雖然比大創貴了一點，但商品很多都是Made in Japan，而且質感也很好，一定要來逛逛！

進入商場後，左手邊是滿滿的瓷器，盤、碗、小碟子、小烤盅通通都有，還有各式各樣的杯子。往裡面走有各種矽膠模、烤盒、杯模等等，甚至便當盒、野餐小物也有賣，想要幫孩子帶便當或準備野餐點心，這裡也有很多裝飾材料供你選擇，重點是很多都是日本製的迪士尼款，媽媽們很容易在此失心瘋呀！除此之外，這裡也有食品、家用品、美妝小物、髮飾等等，真的是個挖寶的好地方，一定要來逛逛唷！

進入Dragon Palace，就能看到Seria囉！

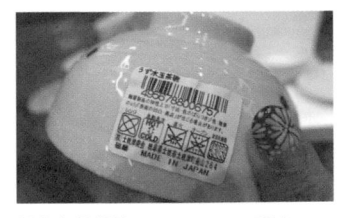

很多商品都是Made in Japan喔！

商場裡有許多生活小物，喜歡買小雜貨的話能在這裡逛得很開心。

Seria位於Dragon Palace裡面。

平價好買的婦嬰用品採購地
西松屋

🕐 **開放時間**：10：00～21：00
🏠 **地址**：沖繩縣中頭郡北谷町北谷2丁目18-4番地（北谷美濱店）
📊 **MAP CODE**：33 496 164
📞 **電話**：098-926-1219
🅿 **停車場**：有
@ **官方網站**：http://www.24028.jp/
　沖繩分店：http://goo.gl/6NjKUz

西松屋北谷店有停車場，大家可以買得開心、逛得開心！

　　幾乎所有爸媽們去日本必排的血拼點之一，都是阿卡將對吧？雖然沖繩沒有阿卡將，但是卻有超好逛的西松屋，它和阿卡將的商品類型非常相似，都是婦嬰用品路線，不過在某些衣服或產品上，價格又比阿卡將便宜，我覺得有些甚至比在台灣買還便宜，尤其那超平價

新生兒衣著區，挑選時建議先確認一下製造國家喔！

的衣服，很適合孩子們穿去幼稚園「打滾」呀XD～

　　西松屋在沖繩有12間分店，其中位在鬧區、離知名景點近的就是宜野灣店、北谷店跟新都心店了，這三間都有停車場，所以大家可以很認真的買得開心、逛得開心！我們這次逛的是北谷美國村附近的西松屋，它就在安良波公園的斜對面，若是夏天到安良波公園玩沙看海忘了帶小孩替換衣服，這時候還可以來西松屋救急XD！

　　整個賣場的空間很大，而且產品也區分的清清楚楚、分類整齊，甚至會隨

這裡會隨著季節做一些主題活動，例如開學季該準備的物品設一個專區，方便大家購物。

看看一件¥479的衣服，有時候都懷疑自己的眼睛，是日幣還是台幣呀？

麵包超人、米奇米妮系列商品應有盡有……來這裡真的很容易失心瘋。

這裡也有販售嬰幼兒吃的米餅、小饅頭等等。

圍兜、餐具、副食品容器應有盡有。

著季節跟開學期間幫大家規劃，讓大家挑選更方便。裡面的衣服我覺得圖案可愛又吸睛，真的很好買，但是西松屋的商品產地比較多元，雖然有日本製的，但也有印尼、越南跟中國製，因此在購買時可以先仔細看清楚喔！

　　除了衣服、食物、日用品外，育嬰類的商品也幾乎都有，連餐椅、推車、汽座都一應俱全，而且推車的品牌很多，所以不少媽媽們沒帶推車出門，直接將這裡安排第一站，買完推車再開始逛沖繩。我甚至還看過有人直接扛了汽座，搬回台灣呢！

　　除此之外，這裡也有賣洗滌類商品、尿布，所以如果懶得帶太多尿布出門，還可以來這裡買喔！另外還有孩子的一級戰區「玩具區」，看看這一系列的麵包超人玩具，逛到這區我家兩個孩子的眼睛都發亮了，害我差點走不出西松屋呀！

　　再來會到奶粉區，通常孩子喝明治、雪印的話，媽媽們幾乎都是直接來扛奶粉回家，聽說價差滿大的。繼續走會看到食品區，從米餅、果汁、餅乾，甚至到加熱食品跟副食品調理包等應有盡有，所以若是帶著吃副食品的孩子出國，來這裡買調理包或果泥也很方便！

　　我們來這裡除了挑衣服，還會挑餅乾、零食類，這樣萬一遇到行程來不及用餐或是塞車等，就可以拿來給孩子吃，安撫他們的情緒。結論是，沖繩親子行一定要將西松屋排入行程，真的超好逛呀！

新鮮美味的百元迴轉壽司
はま壽司

🕐 **開放時間**：11：00～23：00

🏠 **地址**：沖繩縣中頭郡北谷町字伊
平230番地（北谷伊平店）

📙 **MAP CODE**：33 556 215

📞 **電話**：098-982-7331

Ⓟ **停車場**：有

@ **官方網站**：http://www.hamazushi.
com/

建議非用餐時間前往，能避開大排長龍的排隊潮。

位於美國村的はま壽司，是人氣很夯的百元壽司店。

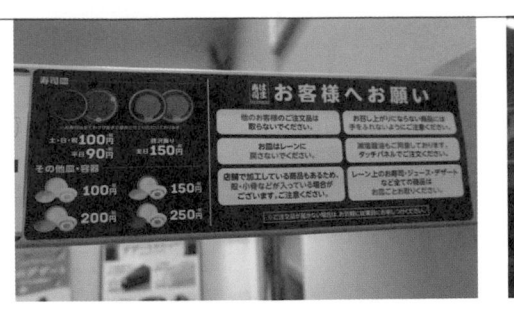

這裡依容器的顏色來決定價位，在選擇上能一目瞭然。

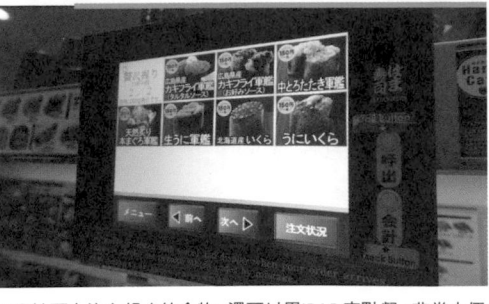

如果檯面上沒有想吃的食物，還可以用IPAD來點餐，非常方便。

除了壽司之外，竟然還有小蛋糕喔！

很快就能進入享受美食了。

はま的壽司可以外帶也可以內用，進入用餐後可以選擇從檯面拿取食物，或是直接透過IPAD來點餐，非常方便。這裡會依容器的顏色來決定價位，因此在選擇上也是一目瞭然，透過點餐方式送來的食物會有個「注文品」的標示，就不需要擔心被別人拿走。

這裡除了壽司之外，還有拉麵、蛋糕、炸物、小菜等多樣化的食物，每樣食材都新鮮又美味，難怪一直是北谷美國村很夯的美食餐廳之一！

位於美國村的はま壽司是人氣很夯的百元壽司店，因為人氣真的非常高，建議非用餐時間前往，否則帶小孩去擠大排長龍的排隊潮，真的有點吃力呢！我是選擇大約下午4～5點時段來用餐，

（1）

（2）

（3）

（4）

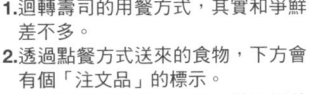
（5）

1. 迴轉壽司的用餐方式，其實和爭鮮差不多。
2. 透過點餐方式送來的食物，下方會有個「注文品」的標示。
3. 不喜歡吃生食的人，可以點這裡美味的熟食來吃。
4. 美味的炸物，真的很好吃呢！
5. 壽司店竟然還有賣拉麵呢！

吃早午餐配美麗海景的
親子親善食堂
KUPU KUPU
海邊の食堂

兒遊區旁有一間育嬰室，真是貼心
滿分！

海邊の食堂位於2樓，依循指標便能找到上樓的階梯。

英文菜單搭配餐點圖片，不用怕點
錯食物。

- 開放時間：8：00～17：00
- 地址：沖繩縣中頭郡北谷町字港15-58番地2樓
- MAP CODE：33 555 006*22
- 電話：050-5257-9023
- 停車場：有
- 官方網站：http://goo.gl/kMsiu9

　　這2～3年帶孩子一起出國，讓我學會「放慢腳步」慢慢玩，所以旅行的時候，不一定要每次早餐都吃飯店裡的，可以訂一些沒有附早餐的飯店，例如前一天到超市先買好早餐，或是早上去市場吃當地早餐都可以，而沖繩這間早午餐海邊親子食堂，就是能讓你一邊悠閒吃早午餐、享受海景的好選擇喔！

這裡是個能放鬆吃早餐、看海景的好地方。

◀蘋果法式鬆餅好可愛，上面還有KUPU的小招牌。

▶莊先生點的Mtsusaka Beef,100% Hamburger，是個很厚實的漢堡，會連同醬料一起上桌。

◀Regular Pancake Meal 是煎鬆餅+太陽蛋，份量都是2片、2顆，吃起來其實還滿飽的。

海邊の食堂位在北谷美國村附近的海邊小店，是一間很適合帶孩子到訪的小店，除了餐點讓我大力讚許外，整間店以親子親善為主軸，很適合親子到訪。店位於2樓，一路走去不難看見店家佈置的小巧思，而且店裡空間其實滿大的，採樓中樓的設計，除了有1樓區、吧台區之外，戶外還有座位區喔！從旋轉樓梯往上走，可以看到一小區的兒遊區，這裡有一些小玩具、小木馬，旁邊還有育嬰室。

2樓的座位區位置很大，還有一大面玻璃，可以看到美麗的海景，讓你能悠閒吃早餐、看美麗海景，真的很棒呢！這裡以早午餐價位來說，我覺得沒有特別貴，而且份量也不少，所有的套餐都可以搭配咖啡、熱紅茶、冰紅茶、冰咖啡，但是飲料不能替換，如果要搭配其他的就要單點，不過其實選擇已經很豐富，份量也足夠了，因此我覺得CP值很高！

出國旅行就是要好好放鬆，這裡可以讓你一邊吃著美食，一邊享受由窗內往外望出去的海景，搭配親子親善的環境，帶孩子出國也是一種享受呢！

這裡有個小小的兒童遊戲區，孩子吃飽了就能帶來這裡玩樂一下。

親子親善的餐廳一定少不了兒童餐，是個可愛的飛機餐喔！

155

帶孩子體驗自製冰棒好有趣
ICE PARK

🕐 開放時間：10：00〜21：00
🏠 地址：沖繩縣浦添市牧港5-5-6番地
📖 MAP CODE：33 341 535*52
📞 電話：098-988-4535
🅿 停車場：有
@ 官方網站：http://icepark.blueseal.co.jp/
　 預約網站：https://coubic.com/icepark/services

ICE PARK真的是很適合拍照的地方呢！

BLUE SEAL是沖繩相當知名的冰淇淋品牌。

馬卡龍色的繽紛外觀，超級吸睛呀！

　　來到沖繩，應該走到哪都會看到BLUE SEAL冰淇淋吧？2016年底，BLUE SEAL冰淇淋店將牧港店旁的餐廳打造成「BLUE SEAL ICE PARK」，馬卡龍色的繽紛外觀超級吸睛，非常適合拍照！ICE PARK可以說是BLUE SEAL的冰淇淋小型博物館，裡面除了賣冰淇淋、冰棒、美式食物、周邊商品之外，也展示

ICE PARK可以說是冰淇淋小型博物館，也展示了BLUE SEAL發展至今的歷史背景。

店裡還有販售一些周邊商品。

了BLUE SEAL發展至今的歷史背景。進入裡面參觀是免費的，但若是要體驗自製冰棒就必須付費，建議先上網預約，因為這裡真的很熱門喔！

ICE PARK的冰棒體驗費用是¥1000（2018.4月1日起調整為¥1500），內容有：彩繪冰棒、零下20度體驗（據說這個溫度是讓冰棒維持最美味的溫度）、霜淇淋體驗（自己擠一根霜淇淋，能轉幾圈各憑本事XD），還會送你一個ICE PARK的保冰袋，我覺得費用很划算耶！一場體驗活動大約是48人左右，除了主持人解說外，也有很貼心的中、英文字幕說明，所以不用擔心主持人講的會聽不懂唷！

做完冰棒後，除了可以體驗零下20度的冷凍庫，還可以去體驗擠霜淇淋，因為是自己動手擠的，所以能轉擠圈就看自己的本事啦XD，這些體驗對孩子來說真的是很新奇又好玩！

● 冰棒體驗步驟

STEP1 選擇裝飾材料：桌上會放一張「冰棒口味&配料選單」，而且是有中文說明的唷！照著中文說明，就能選出想要的口味、配料，裝飾小物真的很多樣，滿天星、棉花糖、Oreo、巧克力球……等都有。

STEP2 畫冰棒草稿： 在「冰棒圖案設計紙」上，畫出待會想製作的冰棒模樣。接下來就要洗洗手，準備開始DIY獨一無二的專屬冰棒囉！

STEP3 實際挑選材料： 開始挑選剛剛在「冰棒口味&配料選單」圈選出的配料，按照「冰棒作法」中文說明紙張，開始裝飾自己的冰棒（裝飾的時間只有約5分鐘左右，不然會開始融化）。

STEP4 開始裝飾冰棒： 接著將冰棒先包裹一層脆皮，口味有草莓、巧克力、白巧克力，變成脆皮雪糕後，就可以開始進行裝飾了。

STEP5 裝飾完成： 趕快將冰棒裝入盒子裡，與乾冰一起放入保冷袋，大約等待一小時凝結後，就可以享用了！

想要體驗製作冰棒，一定要網路事先預約，現場預約很容易額滿喔！

準備要開始挑選製作冰棒的配料囉！

流程有中文說明耶，真的好貼心！

裝飾的時間只有約5分鐘左右，不然冰棒會開始融化。

製作冰棒前，要先將冰棒包裹一層脆皮，有草莓、巧克力、白巧克力等口味可選擇。

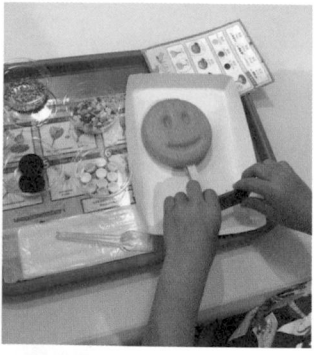

變成脆皮雪糕後，就可以開始裝飾冰棒了。

裝飾完成了，趕快將冰棒裝入盒子裡吧！

年紀較小的孩子，都必須有大人在一旁協助。

除了做冰棒，別忘了來體驗零下20度的冷凍庫！

霜淇淋體驗就是自己擠霜淇淋，孩子覺得新奇又好玩。

● 預約體驗方式

STEP1

進入預約網站後，選擇想要的日期及時段，反白的部分是人數已滿無法預約，確認好後就按Booking。

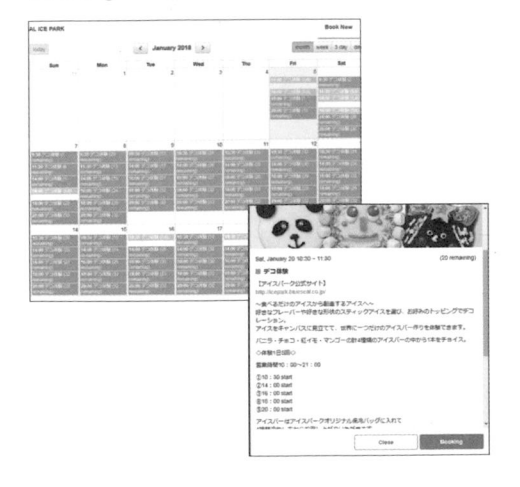

STEP2

選擇要體驗的人數（10歲以下需大人陪同，假設10歲以下孩子有1名+1位大人陪同，體驗人數則填1），填好後在最下方打勾，繼續進入下一步驟。

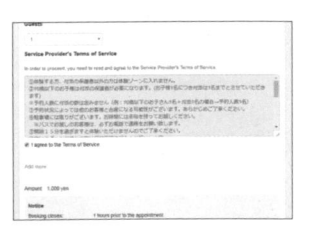

STEP3

輸入體驗者的資料即完成預約，當天抵達後到受付櫃檯報到、繳交體驗費用即可進行流程。

什麼都賣什麼都不奇怪的二手寶庫
漫畫倉庫

浦添店是一整棟的，但只有兩層樓是賣場。

🕐 **開放時間**：9：00～3：00
🏠 **地址**：沖繩縣浦添市城間2589-1F（浦添店）
📖 **MAP CODE**：33 310 436
📞 **電話**：098-874-4455
🅿 **停車場**：有
@ **官方網站**：http://www.mangasouko.com/taiwan/index.html

浦添店的電梯上有公告，營業時間為早上9：00～凌晨3：00。

光是衣服區，就多到讓我看得眼花瞭亂了。

衣服還按品牌，貼心地分類呢！

　　漫畫倉庫是日本最大的連鎖二手專賣店，裡面販售許多東西，例如動漫商品、雜貨、包包、二手衣、家電，各式各樣的東西都有（包含新舊品），可以在這裡慢慢挑、慢慢逛，一定能挖到不少寶物。浦添店的B1販售精品、衣服、飾品、樂器、鞋子、運動商品、手

精品名牌包包區，物品有二手、九成
新、全新品，可以仔細挑選。

服飾配件帽子區，可以在這裡好好挖
寶一下。

當然少不了電玩遊戲區，各式各樣的
遊戲片都有。

日文書籍區，我家妮妮
在這裡逛得很開心。

這區根本就像個小型書店了吧！

就連零食餅乾區也有耶！

錶等，1樓則販售食品、書籍、電玩遊
戲、家電、居家用品跟玩具、玩偶，而
2～4樓是停車場，我們來的當天是假
日，已有不少人潮喔！

　　這裡真的是什麼都賣、什麼都不
奇怪，光衣服就多到讓你眼花撩亂，店
家還很貼心按品牌分類，讓我們在挑選
時能快速相中自己喜歡的品牌。我覺得
這裡真的是可以安排多一點時間來逛
逛，孩子最愛的玩具區裡，鋼彈、美少
女戰士、妖怪手錶等你可以想到的通通
都有，如果來沖繩玩剛好遇到下雨，不
如就把這裡排入行程，一定能逛得很滿

意。不過在挑選商品時要注意，有的產
品真的就像二手般有使用痕跡，有的卻
是九成新，也有的是全新品，價格依物
品狀況而有所不同，請依自己的需求來
挑選吧！

動漫公仔區，應該很多爸爸會留連在這一區了吧！

我那霸燒肉

和牛&山原豬吃到飽超滿足

大口吃肉！

我那霸燒肉店，在沖繩算是滿知名的喔！

🕐 開放時間：15：00～24：00
🏠 地址：沖繩縣那霸市久茂地2-11-16番地（美榮橋店）
📖 MAP CODE：33 157 540
📞 電話：098-861-2990
🅿 停車場：無
@ 官方網站：http://goo.gl/jMZ1xT

每月29號和牛、山原豬都有半價優惠。

上樓後分左右兩邊，分別是禁煙區跟吸煙區。

菜單是中文的，不用擔心點錯。

如果是選擇吃到飽，每一道肉都能點來吃吃看。

我是選擇單點，挑自己喜歡的來吃。

肉吃起來的品質都還不錯，不過我個人還是偏好吃牛肉。

　　我那霸燒肉店在沖繩算是滿知名的，而且每月還舉辦特價活動，每月29號和牛、山原豬有半價優惠，但是當天不接受預約，想撿便宜的可以挑這天前往。燒肉店位於2樓，上樓後分左右兩邊，分別是禁煙區跟吸煙區，日本還滿多餐廳是這樣區分的。這裡著名的是石垣牛、山原豬，而且豬內臟非常便宜，喜歡吃的人絕不能錯過。

　　和牛的部分，分成縣產和牛、美崎牛、極上和牛等等，價位也稍有不同，可以依自己的需求來點。這裡的菜單有分單點式及吃到飽，吃到飽可以針對內臟類吃到飽，或是加價吃和牛及山原豬吃到飽，而且男女生的吃到飽價位也有所不同。

　　我是選擇單點式的，我們家特別喜歡牛舌，三種都點了一輪，石垣牛非常好吃，真的可以試試！我家孩子不吃牛肉，因此我幫他們點了拌飯，再搭配一些雞肉、五花肉，而大人則是專攻石垣牛肉和內臟類，喜歡吃燒肉就別錯過這間店唷！

品嚐美味的石垣牛和阿古豬肉
肉久茂地

🕐 **開放時間**：17：00～24：00

🏠 **地址**：沖繩縣那霸市久茂地3-25-19番地

📖 **MAP CODE**：33 157 481*70

📞 **電話**：098-868-5178

🅿 **停車場**：無

@ **官方網站**：https://e-sakamoto.jp/kumoji/

肉久茂地的小牛招牌，看起來非常可愛。

這碗拌飯其實滿有份量，兩個人吃也覺得很飽呢！

吃烤肉很適合再點個輕爽沙拉，可以舒緩烤肉吃起來的油膩感。

肉久茂地就在美榮橋站附近，離平價飯店紅色星球很近，雖然和我那霸燒肉一樣是燒肉店，但因為沒有吃到飽的選項，所以人潮較沒有我那霸燒肉多，不過我覺得肉品一樣很好吃，也是吃燒肉的好選擇！

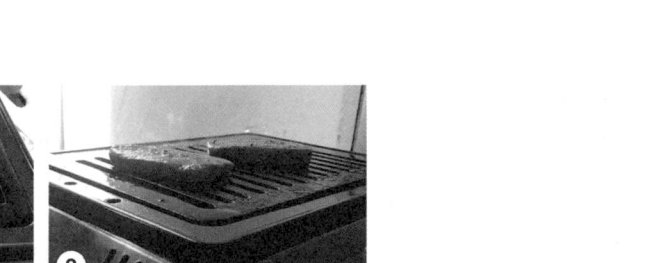

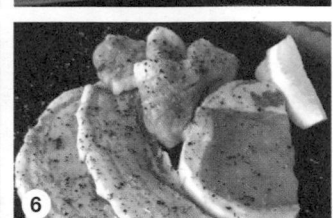

1. 新鮮的牛肉，真的是一口咬下去入口即化。
2. 肉久茂地的肉都切得厚實，吃起來很有飽足感。
3. 牛舌類是我們家必點菜色，吃起來新鮮好吃又彈牙，令我們很驚豔！
4. 雞肉拼盤的雞肉，烤熟後軟嫩適中又帶一絲鮮味，孩子非常喜歡吃。
5. 牛肉拼盤給的牛肉有好幾塊，並附上蒜片搭配。
6. 這裡的肉品，吃起來真的很美味呢！
7. 開味小菜令人相當驚豔，涼拌菠菜、黑胡椒黃豆芽、秀珍菇、小黃瓜，搭配起來開胃又好吃。
8. 點套餐券會再附送飲料，一起乾杯吧！

　　我們是在kkday網站買套餐券，然後再加點其他料理，發現這裡的肉品真的很好吃，而且肉都切得厚實，一點也不怕你吃，很有份量感。烤到微熟的牛肉入口即化，不沾醬就非常好吃了，而雞肉烤起來軟嫩適中，還帶有一絲鮮味，我家孩子非常喜歡。

　　除此之外，牛舌、牛肉拼盤、阿古豬肉、拌飯都必吃，整餐吃起來非常有飽足感，若是買套餐券還有送飲料，來沖繩就是要吃燒肉，這餐讓我吃得非常滿足！

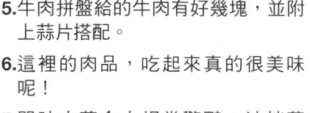

NOTE

阿古豬是沖繩的特有品種，肉質鮮甜而且沒有其他豬肉的腥味喔！

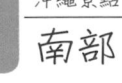
豬肉蛋飯糰開設了機場店，以後
不用早起去牧志市場排隊啦！

連在地人也讚不絕口
的平價美食
豬肉蛋飯糰

🕐 開放時間：7：00～22：00

🏠 地址：那霸機場國內線一樓大廳北側（GateB旁
邊）那霸國內機場店

📖 MAP CODE：33 123 279*00

📞 電話：098-996-3588

@ 官方網站：http://porktamago.com/

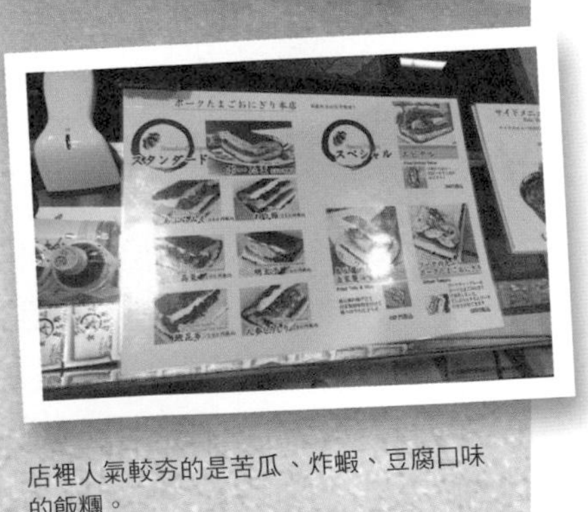

店裡人氣較夯的是苦瓜、炸蝦、豆腐口味
的飯糰。

機場分店設有座位區，可以在店裡享用美味飯糰。

仔細看櫃檯底下那一罐罐的SPAM，就是飯糰使用的豬肉罐頭。

隔著玻璃窗，可以看到店員正在製作美味的飯糰。

飯糰都是現點現做，拿到號碼牌後，必須再等5～10分鐘。

ポークたまごおにぎり（Katsu Kitchen）本店是在沖繩很夯的豬肉蛋飯糰店，更是來沖繩必吃的排隊美食，以前想吃的話得到國際通牧志市場排隊，現場排隊至少要1小時以上，幸好2017年在沖繩那霸機場的國內線開了分店，還設有店內用餐區，終於不用再早起到牧志市場排隊啦！

機場店的位置就在國內線的入關口旁，日本人很喜歡用開放式的廚房，讓客人一窺食物的製作過程，在這裡可以透過玻璃窗看到店員製作著美味的飯糰。我發現這間飯糰店會這麼夯可不是沒有原因的，日本的米飯本來就很好吃了，搭配玉子燒、豬肉片、海苔，看似簡單的配料吃起來卻很對味，不油不膩的口感，一口咬下真的是厚實又好吃呀！

基本上這裡的菜單都是以豬肉蛋飯糰為基底，再依夾的內餡來加以變化，例如炸蝦、豆腐、山苦瓜等，也有組合式的4～6個外帶盒裝，不論是去程想帶到沖繩公園野餐，或是回程想買在飛機上吃都很方便，到沖繩旅遊一定別忘了試試這個美味飯糰喔！

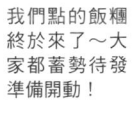

要外帶的話，店員會用包裝袋仔細把飯糰包好。

我們點的飯糰終於來了～大家都蓄勢待發準備開動！

櫃檯下面也放了新鮮的苦瓜、豆腐。

因為鄰近機場又在飛機起降的動線上，可以在島上欣賞飛機起降的景色。

從高處往下看，視野更廣闊了。

欣賞飛機起降&
美麗海景度過悠閒時光
瀨長島

🕐 **開放時間**：10：00～21：00（各店營業時間略有不同）

🏠 **地址**：沖繩縣豐見城市豐見城瀨長174-6番地

📖 **MAP CODE**：33 002 519*41

📞 **電話**：098-851-7446

Ⓟ **停車場**：有

@ **官方網站**：https://www.umikajiterrace.com

瀨長島的地圖解說的很仔細，各種景點都標示很清楚。

　　沖繩有著無數迷人的海景，北部最著名的是古宇利島、南部則是瀨長島，瀨長島因為鄰近機場且又在飛機起降的航線上，因此來這裡除了能欣賞美麗海景，還能抬頭觀賞飛機起降，若是挑選夕陽時間到訪，這裡的迷人景緻真是美不勝收。

1. 這裡有不少特色店家，小地圖也標示出各店家的位置。
2. 每逢週五晚上，這裡會有許多表演節目喔！

搭配白色建築的瀨長島，很有渡假島嶼的悠閒氣息。

看著海天一色的美景，心情放鬆又舒適。

每間店的戶外座椅特色不太一樣，這間美式餐廳的搖椅感覺好特別。

帶著孩子在這裡享受愜意的時光，親子旅行就是要這樣放鬆自在。

台灣手搖界的老品牌，也在這裡開店了，想喝杯家鄉味的珍奶別錯過。

umikaji terrace瀨長島算是個複合式商場，一棟棟白色建築裡有不少特色店家，每個店家幾乎都有一區戶外座位區，而每間店的座椅特色也都不太一樣，搭配美麗的海岸美景，讓人有舒服放鬆的悠閒感受。來到瀨長島，可以帶著孩子在這裡享受愜意的下午茶，看著美麗的海景、吹著舒服的海風、欣賞海天一線的景緻，有時也伴隨著孩子的嘻笑聲，親子旅行就是要這樣放鬆自在呀！

○NOTE

瀨長島裡有許多特色店家，營業時間不太相同，店舖種類與營業時間請搜尋：

https://www.umikajiterrace.com/tw/shop-restaurants/

美味的幸福鬆餅（P170）就位於32號店家喔！

品嚐口感像舒芙蕾般的美味鬆餅
幸福鬆餅

🕐 **開放時間**：10：00～19：30（平日最後點餐
為18：40）、10：00～20：30（周末及假日
最後點餐為19：40）

🏠 **地址**：沖繩縣豐見城市豐見城瀨長174-6番地
32號店

🏷 **MAP CODE**：33 002 519*41

📞 **電話**：098-851-0009

🅿 **停車場**：有

@ **官方網站**：http://magia.tokyo/
線上預約：http://magia.tokyo/reserve/

吃著美味鬆餅，欣賞著無敵海景，這果然是
幸福的滋味呀！

位於瀨長島內32號店舖的幸福鬆餅店，可以吃到超美味的鬆餅。

從玻璃窗內可以看到店員正忙碌地製作鬆餅。

菜單也貼心的有中文說明，不會日文也不用怕點錯。

滿滿的水果，把鬆餅都覆蓋住啦！

瞧瞧這蓬鬆的鬆餅，厚度大約有3～4公分，吃起來口感濕潤真的很像舒芙蕾。

哇，那圓圓胖胖的樣子，好可愛呀！

那一團發泡奶油，吃起來不會過於甜膩，和甜鬆餅非常對味！

　　這間好吃的幸福鬆餅店，位於瀨長島內的32號店舖，這裡可是擁有高人氣的排隊名店，不想排隊的話建議事先在官網線上預約。這裡的美味鬆餅鹹甜口味皆有，菜單也貼心的有中文說明，不用怕點錯，而且鬆餅的製作非常用心，使用北海道鮮奶油、紐西蘭蜂蜜、有機雞蛋現點現做，口感吃起來入口極化、蓬鬆美味。

　　鹹鬆餅、甜鬆餅的配方也稍有不同，鹹鬆餅添加了全麥麵粉，吃起來口感較為紮實一些，而且鹹鬆餅也不是每個時段都吃得到的，因為鹹鬆餅系列被歸類在早午餐，所以供應時間只到14：30，而甜鬆餅系列則全天候供應，想嚐美食的人可要特別注意。

沖繩唯一的
平價精品購物城Outlet
ASHIBINAA

🕐 **開放時間**：10：00～20：00
🏠 **地址**：沖繩縣豐見城市字豐崎1-188番地
📖 **MAP CODE**：232 544 541
📞 **電話**：0120-151-427
🅿 **停車場**：有
@ **官方網站**：http://goo.gl/6eCG5b
　 櫃位資訊：http://goo.gl/tYekc1

ASHIBINAA是沖繩唯一的Outlet，
來沖繩千萬別錯過。

超級可愛的森林家族～很容易讓人在這裡失心瘋。

主婦們最愛的 Le Creuset，建議挑日本限定或活動款購買。

　　ASHIBINAA是沖繩唯一的Outlet，距離那霸機場大約10～20分的距離，如果是租OTS、ORIX車的人，因為剛好就在對面，很適合做為取車完的第一站。ASHIBINAA有一個很大的室內停車場，而商場則是開放露天式，進入後建議先拿好樓層簡介，事先選定目標衝刺。這裡不僅有很多精品名店，還有平價品牌商店、各式運動用品等，可以讓你逛得很開心。

　　我比較常逛的是ABC Mart、Under Armour，還有台日價差不小的日本精品品牌agnes b.，這個品牌的包包、飾

日本精品品牌agnes b.，台日的價差不小喔！

常見的運動用品店這裡也有，可以來比價看看。

耳熟能詳的百元商店大創，這裡也有設櫃喔！

沒想到還有夾娃娃機呢！

2樓有兒童遊戲區，可以讓孩子活動一下。

退稅區也位於2樓。

品實在很讓人容易失控呀！除此之外，森林家族、miki house在這裡也有設櫃喔！ASHIBINAA裡的森林家族，或許不是日本最便宜，但我覺得款式豐富、價格其實也算不錯了。至於miki house，則是可以在特價時撿到不少寶，記得去逛逛。

另外這裡也有主婦們的最愛Le Creuset，但隨著台灣的Outlet越來越多，我覺得價差沒有太大，可以專挑日本限定或活動款購買，否則扛回台灣不一定划算呢！至於退稅櫃台、兒童遊戲室區位於ASHIBINAA的2樓，可以讓孩

miki house特價時，可以撿到不少寶。

子在這裡活動一下，而百元商店Can Do也位於這層樓，千萬別錯過。

> **○ NOTE**
> 退稅時，記得要帶齊所有購買的商品、單據、護照喔！

173

帶孩子體驗變身琉球王族真好玩
王國村

歷史博物館裡面，介紹了琉球的文化、歷史，裡面也展示了據說是風獅爺原型的亞洲獅。

沖繩文化王國內有玉泉洞、王國村、毒蛇館這三個景點，可各別購票入場參觀。

體驗琉球服的活動，到KKday、KLOOK等販售行程的網站買會比較划算（因為還送泡泡茶）。

王國村裡面有很多特色體驗的活動喔！

🕐 **開放時間**：9：00 ～ 18：00（17：00 停止售票）
🏠 **地址**：沖繩縣南城市玉城字前川1336番地
📍 **MAP CODE**：232 495 248*03
📞 **電話**：098-949-7421
🅿 **停車場**：有
@ **官方網站**：http://goo.gl/5GjXHm

　　沖繩文化王國是個很大的歷史園區，在這裡能了解沖繩的文化與歷史，裡面有王國村、玉泉洞、毒蛇館這三個景點，都是必須付費參觀的，可以一次購足每個景點的門票或是拆開購買，推薦第一次來沖繩的人，王國村、玉泉洞都可以參觀看看喔！

看到孩子們穿上琉球服，真的好可愛呀！

體驗券贈送的泡泡茶，濃厚綠茶上面鋪滿濃密泡泡，冰冰涼涼好消暑。

園區內的建築物都很古色古香。

照，雖然體驗時間很短，但能留下無窮回憶喔！至於沖繩傳統陶藝，素燒風獅爺著色體驗也很有趣，彩繪的作品可以選擇風獅爺迷你面具、風獅爺擺飾，再用顏料塗上創意色彩，店家會給你參考作品來彩繪，最後幫你用吹風機吹乾，包裝起來裝入盒子裡。

體驗完各項有趣活動後，可以在園區裡悠閒散步，裡面有沖繩當地古老建築，值得細細欣賞。除此之外，這裡還有當地的特色表演「大鼓秀」，孩子們都看得目不轉睛呢！

孩子們很認真的在為風獅爺進行著色。

其實現場購票都會比較貴，可以在租車取車時詢問是否有相關門票可購買。

王國村像是個小型的觀光工場，在這裡可以參加各種體驗活動，例如琉球服、泡泡茶、彩繪石獅、三線琴等多種體驗。我是到KKday網站購買體驗活動，雖然每項體驗的時間並不長，但帶著孩子一起變身為琉球王族，真的很有趣呢！

王國村裡的琉球服體驗很特別，一人穿一套琉球服，再由服務員幫忙拍

○ NOTE

想要體驗各式活動，可以點選官網上的「體驗活動一覽」查詢相關資料，或是到KKday、KLOOK網站購買體驗活動（通常會比現場購買划算），只要輸入關鍵字沖繩文化王國，可以找到不少體驗活動。

深入地底探訪神祕的鐘乳石洞穴
玉泉洞

🕐 **開放時間**：9：00 ～ 18：00（17：00 停止售票）
🏠 **地址**：沖繩縣南城市玉城字前川1336番地
📖 **MAP CODE**：232 495 248*03
📞 **電話**：098-949-7421
🅿 **停車場**：有
@ **官方網站**：http://goo.gl/mDJuFm

一根根自然形成的鐘乳石與石筍，令人驚嘆大自然的鬼斧神工。

1.沿著長長的階梯走下後，就要探訪這個神祕的大洞穴了。　**2.**一路上可以看到許多從頂端往下長的特色鐘乳石。
3.從地上往上長的石筍，有時石筍會和鐘乳石連接變成石柱。

　　位於沖繩文化王國內的玉泉洞是個鐘乳石洞穴，沿著長長的階梯走下後便能抵達這個大洞穴，整個洞穴全長約有5公里，但只開放890公尺給遊客參觀用，這890公尺至少需30分鐘才能走完，若是有帶推車的家長會比較辛苦，因為裡面有一些階梯，必須搬上搬下，建議使用背帶會比較方便。

　　玉泉洞裡的氣溫大約是21度～24度，算是相當涼快舒適，而裡面的珊瑚

礁鐘乳石，是經過30萬年演變的自然變化，每一根鐘乳石都要幾百年的時間才能長成，直到現在裡面的鐘乳石仍持續生長中喔！帶孩子到裡面探訪，我覺得是個很好的自然教育，可以欣賞到大自然的鬼斧神工。裡面我覺得很有趣的是日本人幫不同特色的鐘乳石取了名字，將其分為不同區域，例如初戀廣場、龍神之池、黃金之盃……真的很有創意呀！

> **NOTE**
> ● 洞穴裡並沒有廁所，參觀前記得先帶孩子上廁所喔！
> ● 洞穴裡可以拍照，但不可飲食也不可使用手觸摸鐘乳石。
> ● 離開玉泉洞有電動手扶梯可以坐，走這麼久終於可以休息一下了。

洞穴裡打上的燈光，更增添了鐘乳石洞的神祕感。

黃金之盃，據說是全日本最大的鐘乳石喔！

日本人於2009年在這裡放個白壺做測試，30年後它還會是個白壺嗎？

日本人幫不同特色的鐘乳石、石筍取名字。

石筍與鐘乳石快相逢（連結在一起了），所以名為初戀廣場？

青泉是自然形成的小水池，打上青色的燈光後，讓這裡有如仙境一樣美麗。

到數十萬年歷史的鐘乳石洞喝咖啡
洞穴咖啡廳

順著指標穿過叢林，就能發現這神祕的洞穴咖啡廳。

一步步走進後，驚人的鐘乳石洞穴出現在我們眼前。

🕐 Gangala之谷導覽團（時間約80分鐘）

- **出發時間（四個時段任選）**：10：00、12：00、14：00、16：00
- **線上預約**：https://www.gangala-reserve.com/

🕘 開放時間：9：00～18：00
🏠 地址：沖繩縣南城市玉城前川202番地
📖 MAP CODE：232 494 387*14
📞 電話：098-948-4192
🅿 停車場：有
@ 官方網站：http://www.gangala.com/

　　Gangala之谷（ガンガラーの谷）CAVE Café是個很特別的地方，就位於沖繩文化王國停車場對面，參觀完玉泉洞還沉浸在大自然奧妙心情的話，那推薦再來這裡的鐘乳石洞穴喝咖啡，這裡可是比玉泉洞形成的時間更早好幾十萬年喔！

順著指標穿過叢林後，就會看到這驚人的鐘乳石洞穴，裡面擺了幾張傘桌椅，能在鐘乳石洞穴裡喝咖啡，感受真是奇妙呀！這裡的咖啡是沖繩有名的35咖啡（諧音：珊瑚咖啡），而且使用了玉泉洞泉水、珊瑚石過濾喔！除了咖啡之外，洞穴咖啡廳裡也販售了好吃的黑糖冰淇淋、各式飲品。

Gangala之谷是沖繩重要考古遺跡現場，學者在這裡發現了全世界最古老的貝製釣針，桌上展示相關資料，若有興趣探訪這神祕的地方，可以再付費預約導覽團參觀。

另外，在Gangala之谷裡也有付費的導覽行程（一天四個時段），可以帶你深入這個鐘乳石洞穴的叢林景觀，但建議事先預約，現場報名則必須碰運氣看有沒有名額。導覽團的導遊雖然只會說日文，但會附上非常詳細的中文行程解說，所以不用怕聽了霧沙沙，若孩子喜歡大自然和探險，非常推薦事先預約，親子一起來這裡接觸大自然，只是整個導覽活動耗費的時間較久，年紀大一點的孩子會比較適合喔（15歲以下孩子免費參觀）。

洞穴裡會不時滴水，因此擺放的是傘桌椅，但座椅位置沒有很多。

瞧瞧頭上那些鐘乳石，還真是壯觀呀！

從咖啡廳裡往外看，有種與世隔絕的感受。

沖繩文化王國是大家很熟的景點，若有機會前來建議也把對面的洞穴咖啡排入行程喔！

帶孩子玩沙踏浪欣賞超清澈海水
安座真海灘

美麗的藍天、清透的海水，連成海天一色的美麗景緻。

一旁的告示牌上，清楚標示可進行游泳的時間。

公佈欄上也寫了氣溫和一些注意事項。

🕙 **開放時間**：10：00～18：00（7～8月開放至19：00）、4月～10月可游泳
🏠 **地址**：沖繩縣南城市知念字安座真1141-3番地
📖 **MAP CODE**：33 024 680*07
📞 **電話**：098-948-3521
🅿 **停車場**：有
@ **官方網站**：http://goo.gl/FfCgFw

　　安座真海灘（Azama Sun Sun Beach）是沖繩南部的大型人工海灘，來沖繩一定要到沙灘玩水才不枉此行。這裡有超清透的海水、潔白的沙灘，夏季時還能租借海灘傘、躺椅、泳圈，還有多項付費水上活動，甚至可以申請BBQ烤肉。這裡因為是內港灣，不用怕海岸的大浪波及，而且也會有救生員常

海灘區域內設置了有屋頂的涼亭，除了可供休息也是BBQ的場所。

這裡也有提供淋浴、更衣室使用。

海灘上有救生員常駐，感覺挺安全的。

孩子們在潔白的沙灘上開心玩沙。

駐，帶孩子來這裡能玩得盡興又安全！

　　海灘區域內設置了有屋頂的涼亭，除了可供休息也是BBQ的場所，想要進行BBQ（需收費）可以跟服務人員申請，雖然當日預約也可以，但建議3天前預約，工作人員會幫你準備好豐富的食材及器具。整體來說，這裡是個可以放鬆心情、欣賞美麗景緻的好地方，而且許多付費水上活動，3歲以上的孩子就能參加，孩子在這裡不僅可玩沙踏浪，還能留下許多有趣的回憶喔！

這裡有多項付費水上活動可以參加喔！

商店裡也有販售玩沙工具組、毛巾、拖鞋等物品。

181

🏨 飯店篇

★北部

飯店	MAP CODE	電話	Check In	Check Out	地址
美麗海村民宿Villa	553 076 046	080-6489-6575	PM15：00	AM11：00	沖繩縣國頭郡本部町字豐原253-7番地
蒙特利水療渡假酒店	206 096 897*22	098-993-7111	PM14：00	AM11：00	沖繩縣國頭郡恩納村字富著1550-1番地
Rizzan麗山海景皇宮渡假酒店	206 158 096*58	098-964-6611	PM14：00	AM11：00	沖繩縣國頭郡恩納村字谷茶1496番地
ANA萬座海濱洲際酒店	206 313 456*82	098-966-1211	PM15：00	AM11：00	沖繩縣國頭郡恩納村字瀨良垣2260番地

★中部

飯店	MAP CODE	電話	Check In	Check Out	地址
Beachside Condominium海濱公寓	33 496 133	098-975-6058	PM15：00	AM10：00	沖繩縣中頭郡北谷町北谷2-16-2番地
The Beach Tower Okinawa Hotel海灘塔	33 525 209	098-921-7711	PM14：00	AM11：00	沖繩縣中頭郡北谷町美濱8-6番地
Monpa海濱公寓	33 525 297*72	098-936-0088	PM15：00	AM10：00	沖繩縣北谷町美濱8-12番地
Vessel hotel Campana 坎帕納船舶酒店	33 525 322	098-926-1188	PM14：00	AM11：00	沖繩縣中頭郡北谷町字美濱9-22番地

★南部

飯店	MAP CODE	電話	Check In	Check Out	地址
Daiwa Roynet Hotel 歌町大和Roynet飯店	33 188 290*52	098-862-4555	PM14：00	AM11：00	沖繩縣那霸市歌町1-1-12番地（新都心店）
WBF水之都那霸酒店	33 187 186*73	098-866-5000	PM15：00	AM11：00	沖繩縣那霸市前島3-2-20番地
自由花園	33 188 508	098-869-3333	PM15：00	AM11：00	沖繩縣那霸市おもろまち4-17-27番地
新都心法華俱樂部飯店	33 188 503	098-860-6611	PM14：00	AM11：00	沖繩縣那霸市おもろまち4-3-8番地
琉球溫泉瀨長島飯店	33 002 605*15	098-851-7077	PM15：00	AM11：00	沖繩縣豐見城市字瀨長174-5番地

 公園篇

★北部

公園	MAP CODE	電話	停車場	地址
結の濱公園	485 642 187*14	098-044-3007	有	沖繩縣國頭郡大宜味村字塩屋1306番地
海洋博公園	553 075 797	098-048-2741	有	沖繩縣國頭郡本部町字石川424番地
八重岳櫻の森公園	206 830 214*22	098-047-6688	有	沖繩縣本部町並里921番地
大川兒童公園	206 110 876*86	—	有	沖繩縣國頭郡金武字金武658-1番地
名護城公園	206 629 375	098-052-7434	有	名護市名護5511番地
宜野座農村公園	206 237 210*27	098-968-8647	有	沖繩縣國頭郡宜野座村惣慶1857番地
金武地區公園	206 109 829*56	098-968-8996	有	沖繩縣國頭郡金武町字金武7893番地

★中部

公園	MAP CODE	電話	停車場	地址
殘波岬公園	100 568 5380*00	098-958-0038	有	沖繩縣中頭郡讀谷村字宇座1861番地
伊波公園	33 893 724*77	—	有	沖繩縣宇流麻市石川伊波23番地
泊城公園	33 703 265	098-982-8877	有	沖繩縣頭讀谷村渡具知228番地
八重島公園	33 621 640*22	098-939-1212	有	沖繩市八重島1丁目1番地
若夏公園	33 624 843*80	098-939-1212	有	沖繩縣沖繩市東2-17-1番地
マンタ公園	335 595 312*71	—	無	沖繩縣沖繩市海邦2-13番
桃原公園	33 558 097*30	098-836-0077	有	沖繩縣中頭郡北谷町字吉原554-1番地
中城公園	33 410 668	098-935-2666	有	沖繩縣中城村登又1319番地
安良波公園 （海盜船公園）	33 496 018*66	098-936-0077	有	沖繩縣中頭郡北谷町北谷2丁目21番地
砂邊馬場公園	33 584 342*77	098-936-0077	有	沖繩市北谷町字砂邊1-4番地
あだん兒童公園 （樹屋公園）	33 405 213*41	—	無	沖繩縣宜野灣市大山6丁目26番地
まちなと公園	33 342 392*63	098-877-4922	無	沖繩縣浦添市牧港2丁目38番地
宜野灣市民公園	33 346 386*41	098-943-9607	有	沖繩縣宜野灣市字神山無手原2-1番地
黑潮公園	33 535 582*51	—	有	沖繩縣沖繩市泡瀬2丁目34番地
綜合運動公園	33 474 847*11	098-932-5114	有	沖繩縣沖繩市比屋根5-3-1番地
浦添大公園	33 312 045	098-873-0700	有	沖繩縣浦添市伊祖115-1番地
東崎公園	33 137 857*77	098-945-4496	有	沖繩縣中頭郡西原町字東崎15-1番地
比屋良川公園	33 314 481*17	098-897-2751	有	沖繩縣宜野灣市嘉數１丁目１番地
上原高台公園	33 256 442*82	098-945-4496	有	沖繩縣中頭郡西原町字上原245-40番地

OKINAWA

★南部

公園	MAP CODE	電話	停車場	地址
奧武山公園	33 096 693	098-858-2700	有	沖繩縣那霸市奧武山町52番地
海軍壕公園	330 367 90*06	098-850-4055	有	沖繩縣豐見城236番地
豐崎公園	232 544 009*63	098-856-2355	有	沖繩縣豐見城市字豐崎1-203番地
西崎親水公園	232 484 683*88	098-992-7961	有	沖繩縣糸滿市字西崎3-1番地
東濱きょうりゅう公園 （恐龍公園）	33 136 501*30	098-945-2201	有	沖繩縣與那原町東濱15-5番地
東濱シーサー公園 （風獅爺公園）	33 136 189*31	098-945-2201	無	沖繩縣與那原町東濱62-8番地
宮城公園 （絲瓜公園）	33 134 120	098-889-4412	有	沖繩縣島尻郡南風原町字宮城242-3番地
本部公園 （野菜公園）	33 072 271*81	098-889-4415	有	沖繩縣島尻郡南風原町本部352番地
山巓毛公園	232 455 140*21	—	有	沖繩縣系滿市系滿538番地
平和祈念	232 341 416*37	098-997-2765	有	沖繩縣系滿市字摩文仁444番地

🛍️🍴🗺️ 景點篇

★北部

景點	MAP CODE	電話	營業時間	地址
🗺️ 古宇利島	485 662 807*11	—	—	沖繩縣國頭郡今歸仁村古宇利
🍴 夏威夷蝦餐車	485 601 893	098-056-1242	11：00～17：00	沖繩縣國頭郡今歸仁村古宇利436-1番地
🗺️ 美麗海水族館	553 075 797	098-048-2741	8：30～20：00 （3月～9月） 8：30～18：30 （10月～2月）	沖繩縣國頭郡本部町字石川424番地
🗺️ 水果樂園	206 716 615*65	098-052-1568	9：00～18：00	沖繩縣名護市為又1220-71番地
🗺️ DINO恐龍公園	206 775 852*34	098-054-8515	9：00～18：00	沖繩縣名護市中山1024-1番地
🍴 名護水產物直販所	206 598 873*41	098-043-0175	11：00～17：00	沖繩縣名護市城 3-5-16番地
🗺️ 名護動植物園	206 689 725*11	098-052-6348	9：00～17：30	沖繩縣名護市字名護4607-41番地
🗺️ 海中公園	206 442 075*11	098-052-3379	—	沖繩縣名護市字喜瀬1744-1番地

★中部

景點	MAP CODE	電話	營業時間	地址
🍴 琉球の牛	206 096 716	098-965-2233	11：00～16：30 17：00～23：30	沖繩縣國頭郡恩納村前兼久909-2番地（恩納店）
🏞 迷你動物園	33 683 659*56	098-973-4323	8：30～19：00	沖繩縣宇流麻市赤道660番地
🍴 泡瀨漁港	33 565 310	098-938-5811	10：30～18：00（4～9月） 10：30～17：30（10～3月）	沖繩縣沖繩市泡瀨1-11-34番地
🛍 永旺來客夢	33 530 406	098-930-0425	10：00～24：00	沖繩縣中頭郡北中城村泡瀨土地區劃整理事業地 4街區
🛍 美國村	33 526 450*63	—	10：00～22：00（各店營業時間略有不同）	沖繩縣中頭郡北谷町字美濱15-69番地
🛍 Seria	33 526 450*63	098-936-1420	10：00～22：00	沖繩縣中頭郡北谷町字美濱15-68番地（龍宮店）
🛍 西松屋	33 496 164	098-926-1219	10：00～21：00	沖繩縣中頭郡北谷町北谷2丁目18-4番地（北谷美濱店）
🍴 はま壽司	33 556 215	098-982-7331	11：00～23：00	沖繩縣中頭郡北谷町伊平230番地（北谷伊平店）
🍴 KUPU KUPU 海邊の食堂	33 555 006*22	050-5257-9023	8：00～17：00	沖繩縣中頭郡北谷町字港15-58番地2樓
🏞 ICE PARK	33 341 535*52	098-988-4535	10：00～21：00	沖繩縣浦添市牧港5-5-6番地

★南部

景點	MAP CODE	電話	營業時間	地址
🛍 漫畫倉庫	33 310 436	098-874-4455	9：00～3：00	沖繩縣浦添市城間2589-1F（浦添店）
🍴 我那霸燒肉	33 157 540	098-861-2990	15：00～24：00	沖繩縣那霸市久茂地2-11-16番地（美榮橋店）
🍴 肉久茂地	33 157 481*70	098-868-5178	17：00～24：00	沖繩縣那霸市久茂地3-25-19番地
🍴 豬肉蛋飯糰	33 123 279*00	098-996-3588	7：00～22：00	那霸機場國內線一樓大廳北側（GateB旁邊）那霸國內機場店
🏞 瀨長島	33 002 519*41	098-851-7446	10：00～21：00（各店營業時間略有不同）	沖繩縣豐見城市豐見城瀨長174-6番地
🍴 幸福鬆餅	33 002 519*41	098-851-0009	10：00～19：30（平日） 10：00～20：30（周末及假日）	沖繩縣豐見城市豐見城瀨長174-6番地32號店
🛍 ASHIBINAA	232 544 541	0120-151-427	10：00～20：00	沖繩縣豐見城市字豐崎1-188番地
🏞 王國村	232 495 248*03	098-949-7421	9：00～18：00	沖繩縣南城市玉城字前川1336番地
🏞 玉泉洞	232 495 248*03	098-949-7421	9：00～18：00	沖繩縣南城市玉城字前川1336番地
🍴 洞穴咖啡廳	232 494 387*14	098-948-4192	9：00～18：00	沖繩縣南城市玉城前川202番地
🏞 安座真海灘	33 024 680*07	098-948-3521	10：00～18：00	沖繩縣南城市知念字安座真1141-3番地

日本製

air
Bye Bye
魔法の收納

手捲式 真空壓縮袋

透明系收納　　一捲輕鬆生活

經銷商：唯成有限公司　　電話：0988-289-873

[**強化耐用度**]
材質加入Nylon，使袋子更加強韌不易破裂，多次重複使用更耐用。

[**夾鏈滑順耐用**]
夾鏈袋搭配特殊設計的滑片，操作更方便。

[**壓縮袋密封效果好**]
專利雙出氣單向線閥設計，將空氣阻絕於外。

[**日本製造**]
日本製造品質保證，專利特殊設計，使用更安心。

| S | 35 cm x 45 cm 襪子、貼身衣物、毛巾、帽子等 |
| M | 40 cm x 50 cm 羽絨外套約可放3~4件，適合外出隨身使用，寶寶用衣物、尿布 |

L	50 cm x 70 cm 外出衣物約可放4天份，旅行必備
XL	78 cm x 95 cm 標準尺寸棉被6尺x7尺棉
XXL	90 cm x 110 cm 加大尺寸棉被6尺x7尺棉

好提、好拿、好收納

幼稚園的餐碗＋水壺收納剛剛好

Liebe KidS
易攜式玩具收納袋

H18cm　　W10cm　　L23cm

桔佳有限公司　　電話：02-24302988

Bag for mammy
バッグのタツジン
haru
+
harulez
日本設計師的聯名款
微金質感後背包三角黑
波點
俏甜心

粉色星星
黑色賽車
藍色飛機

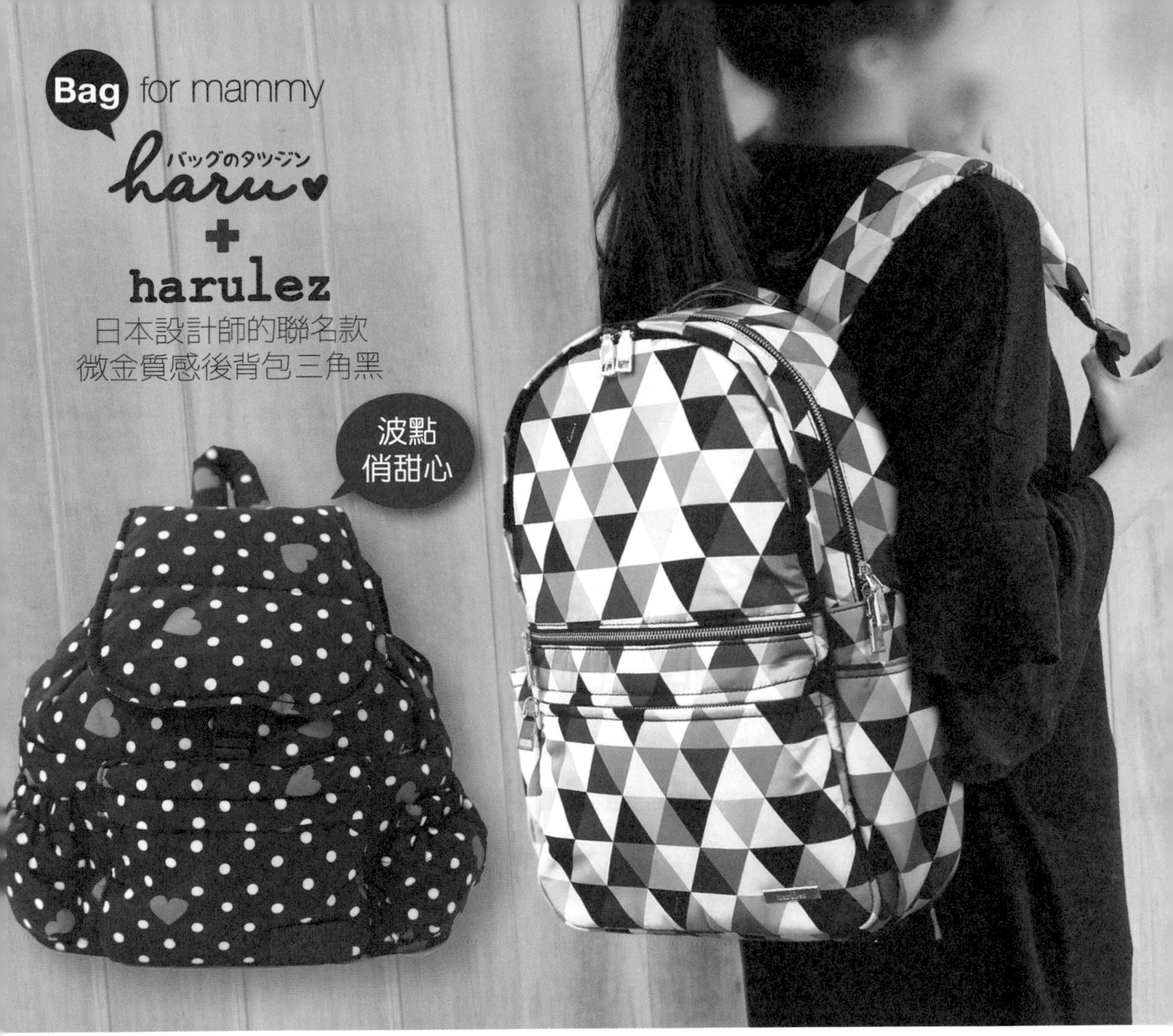

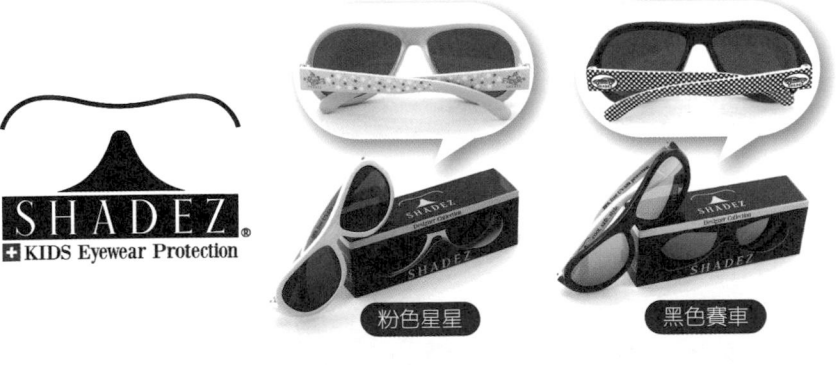

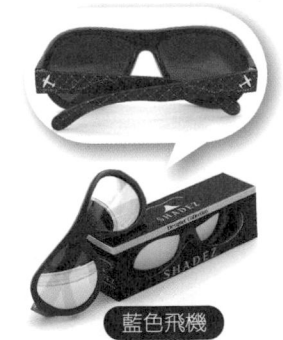

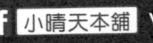

Little brian Paint Sticks

誰說畫畫弄的髒ㄌㄌ！

最受父母歡迎 英國Little Brian可洗式無毒兒童專用水彩棒

完全創意使用

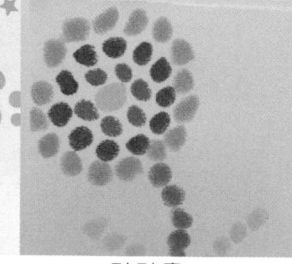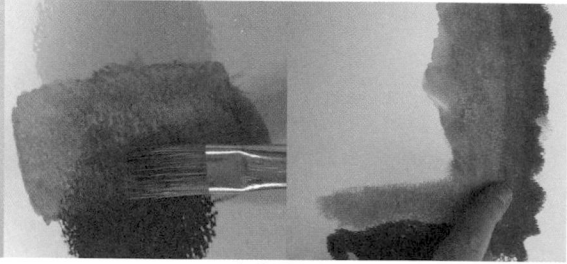

<蠟筆使用>　　　　<點點畫>　　　　　　<水彩調色>

<紙>　　　　　<玻璃窗戶>　　　　<黏土>　　　　<石頭>

一擦就掉，十分好清洗

品牌簡介

擁有超過50年歷史的英國Brian Clegg，於2016年發表Little Brian
可洗式無毒兒童專用水彩棒，一上市就獲得家長廣大迴響，並獲得
超過10項美術及學齡前幼兒用品與創意大獎，也是許多教師指定使
用品牌。

產品特色

適合小小孩的第一套美術用品，外出攜帶方便，無毒可水
洗，旋轉口紅型筆管，不會弄的髒兮兮，適合小手抓握，
極好上色，顏色飽和，快乾（數秒即乾），通過英國EN71
與美國ASTMD4236檢驗，並取得CE認證。

顯色度佳，是許多家長與美術老師推薦的畫筆。

<刮畫>　　　　　　<蓋印遊戲>

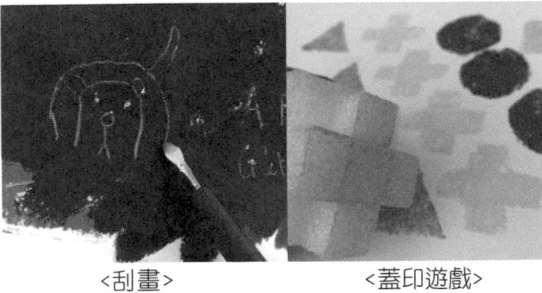

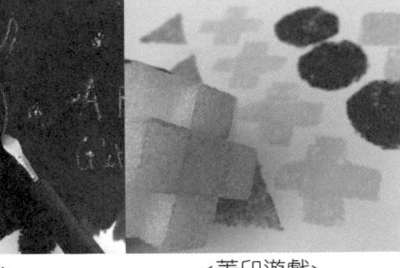

<貝殼>　　　　　　<木質與塑膠罐等>

《推薦》

★愛小宜：「讓孩子盡情玩色彩吧，英國
　Little Brian水彩棒是我用過最適合給孩
　子創意畫畫的畫筆」
　《親子共讀部落客/小創客Founder》

★江佩穎：「啟動想像、看見創意、開發
　全腦、觸發孩子深層的專注力」
　《兒童發展管理師/小創客Co-founder》

★彭昭瑜：「Little Brian水彩棒能讓孩子
　體驗不同材質繪畫的樂趣，且快乾方便」
　《繪本藝術家（森林小舖工作室）/小創客Co-founder》

兒同館國際有限公司
www.perlashop.tw
官方粉絲團：www.facebook.com/perlashop.tw

Orange Travel 07

第一次
沖繩親子自由行好好玩

作者：小潔

出版發行

橙實文化有限公司 CHENG SHI Publishing Co., Ltd
客服專線／（03）3811-618

作者	小潔	
總編輯	于筱芬	CAROL YU, Editor-in-Chief
副總編輯	吳瓊寧	JOY WU, Deputy Editor-in-Chief
行銷主任	陳佳惠	Iris Chen, Marketing Manager

美術編輯	張哲榮
封面設計	張哲榮
地圖繪製	朱家鈺
製版／印刷／裝訂	皇甫彩藝印刷股份有限公司
贊助廠商	

編輯中心

桃園市大園區領航北路四段382-5號2F
2F., No.382-5, Sec. 4, Linghang N. Rd., Dayuan Dist.,
Taoyuan City 337, Taiwan (R.O.C.)
TEL／（886）3-3811-618　FAX／（886）3-3811-620
Mail：Orangestylish@gmail.com
粉絲團https://www.facebook.com/OrangeStylish/

全球總經銷

聯合發行股份有限公司
ADD／新北市新店區寶橋路235巷弄6弄6號2樓
TEL／（886）2-2917-8022　FAX／（886）2-2915-8614
出版日期 2018年2月

請貼郵票

橙實文化有限公司
CHENG -SHI Publishing Co., Ltd

337 桃園市大園區領航北路四段382-5號2F
讀者服務專線：（03）3811-618

請沿虛線剪下寄回

第一次

沖繩
親子自由行
好好玩

美麗的海島沖繩，是親子自由行首選之地！
一年四季都好玩，帶孩子玩沙踏浪、
賞櫻賞鯨、溜滑梯公園玩不停！

Orange Travel系列

書系：Travel07
書名：第一次沖繩親子自由行好好玩

讀者資料（讀者資料僅供出版社建檔及寄送書訊使用）

- 姓名：_____
- 性別：□男　　□女
- 出生：民國 _____ 年 _____ 月 _____ 日
- 學歷：□大學以上　□大學　□專科　□高中（職）　□國中　□國小
- 電話：_____
- 地址：_____
- E-mail：_____
- 您購買本書的方式：□博客來　□金石堂（含金石堂網路書店）□誠品
  □其他 _____（請填寫書店名稱）
- 您對本書有哪些建議？ _____
- 您希望看到哪些親子育兒部落客或名人出書？ _____
- 您希望看到哪些題材的書籍？ _____
- 為保障個資法，您的電子信箱是否願意收到橙實文化出版資訊及抽獎資訊？
  □願意　　□不願意

osorio歐蘇若

買書抽大獎

- **活動日期**：即日起至2018年4月15日
- **中獎公布**：2018年4月16日於橙實文化FB粉絲團公告中獎名單，請中獎人主動私訊收件資料，若資料有誤則視同放棄。
- **抽獎資格**：STEP1：購買本書並填妥讀者回函（影印無效）寄回橙實文化，或拍照MAIL至橙實文化信箱。STEP2：於橙實文化FB粉絲團按讚。
- **注意事項**：中獎者必須自付運費，詳細抽獎注意事項公布於橙實文化FB粉絲團，橙實文化保留更動此次活動內容的權限。

好禮 1　**1個**

HARULEZ
微金質感後背包（三角黑）
（市價 NT2,980）

好禮 2　**1個**

HARUSWEETY
束口後背包（波點俏甜心）
（市價 NT3,380）

好禮 3　**5個**

Bigjig Toys
小小工程師工具腰帶
（市價 NT1,180）

橙實文化FB粉絲團：https://www.facebook.com/OrangeStylish/

黏貼處